U0918003

高等教育“十三五”规划课程改革创新教材

质量管理与控制

闵小琪　主　编
李孝元　副主编

科学出版社
北　京

内 容 简 介

本书是编者在总结国家示范性全日制普通本科院校机电一体化重点专业教学改革经验和教学成果的基础上编写而成的。本书共分 7 个单元，分别是质量管理概论、全面质量管理、质量控制、质量改进、顾客需求管理、质量检验、质量信息管理。

本书既可作为本科院校、高职院校机电一体化、机械制造、机电设备等专业的教材，也可供相关工程技术人员及自学者参考。

图书在版编目（CIP）数据

质量管理与控制/闵小琪主编. 一北京：科学出版社，2016
（高等教育“十三五”规划课程改革创新教材）
ISBN 978-7-03-050438-8

Ⅰ. ①质… Ⅱ. ①闵… Ⅲ. ①质量管理－高等学校－教材 ②质量控制－高等学校－教材 Ⅳ. ①F273.2

中国版本图书馆 CIP 数据核字（2016）第 264481 号

责任编辑：张振华 / 责任校对：王万红
责任印制：吕春珉 / 封面设计：曹 来

科学出版社出版
北京东黄城根北街 16 号
邮政编码：100717
http://www.sciencep.com
新科印刷有限公司印刷
科学出版社发行　各地新华书店经销
*
2016 年 11 月第 一 版　开本：787×1092 1/16
2020 年 8 月第四次印刷　印张：9 3/4
字数：200 000

定价：25.00 元

（如有印装质量问题，我社负责调换〈新科〉）
销售部电话 010-62136230 编辑部电话 010-62135120-2005（VT03）

版权所有，侵权必究

举报电话：010-64030229；010-64034315；13501151303

前　　言

质量问题涉及千家万户，关系到民众生活水平的提高，是一个永恒的主题。从质量检验、统计质量管理到全面质量管理，质量管理的进步为人类的发展作出了巨大贡献。

今天，学习全面质量管理知识已经是组织在人力资源发展方面的重要内容之一，也是许多个人在自我发展中的重要武器。从消除顾客不满意发展到追求顾客完全满意，人们的质量观念发生了重大变化，也反映了我们所处的市场越来越成熟。

从企业的角度出发，要适应全球经济的发展和竞争市场的变迁，无论是企业的最高管理者，还是企业的基层管理者，甚至是企业的全体员工，都要学习并掌握质量管理知识和方法。

为培养生产、建设、管理、服务第一线的高等建设应用型人才，编者编写了本书。作为第一线的高等技术应用型人才，除了应具备相应的专业技术能力，还应具备包括组织能力、协调能力、沟通能力、创新能力、应变能力等在内的“关键能力”。学习企业管理和质量控制课程是培养这些能力的重要途径。本书以综合能力培养为基本出发点，较为全面地介绍了机电企业质量管理的基本理论和方法，力求内容简明扼要、重点突出、具有针对性。同时，考虑我国市场经济建设的推进，本书注意吸收了国内外质量管理学界在理论与实践上的新观念与新方法。为便于学生自学和理论联系实际，主要章节后面还附有案例。

本书由武汉工程科技学院闵小琪担任主编，李孝元担任副主编，闫航瑞、刘丽明、赵丽娟参加了编写工作。

由于编者水平有限，本书还存在不尽如人意之处，敬请读者批评指正。

编　者

2016年6月

目　录

1 单元 质量管理概论

◎ **单元导读**

《国务院关于印发质量发展纲要（2011—2020 年）通知》中指出：21 世纪的第二个十年，是我国全面建设小康社会、加快推进社会主义现代化的关键时期。在这一重要历史时期，经济全球化深入发展，科技进步日新月异，全球产业分工和市场需求结构出现明显变化，以质量为核心要素的标准、人才、技术、市场、资源等竞争日趋激烈。质量发展工作方针把以质取胜作为质量发展的核心理念，坚持好字优先，好中求快。全面提高各行各业的质量管理水平，发挥质量的战略性、基础性和支撑性作用，依靠质量创造市场竞争优势，增强我国产品、企业、产业的核心竞争力。一个企业要想在激烈的竞争中取胜，必须树立“质量第一”的观念，以质量为核心，实施顾客需求管理；积极贯彻 ISO 9000 标准，采用切实可行的管理方法进行质量管理与控制。

在人类生产发展的不同时期，人们对质量的理解随着科学技术的发展和社会经济的变化而变化。在远古时代，人类的祖先总是选择依山傍水、树木繁茂的地方居住，以最方便地获取食物和保护自己的安全，这是人们对生存环境质量的天然依赖和追求。在石器时代，人们打磨特定形状的石块，截取特定长度、特定直径的木棒，作为采集和狩猎活动中最有效的工具。在历史发展的过程中，只有适用的、质量好的工具才得以流传下来。在农业社会，经过数千年对农作物物种和家畜畜种的选择，才形成了现在“五谷”丰登、“六畜”兴旺的田园风光。在现代社会，人们对质量的依赖和追求更为突出。在激烈竞争中的商界赢家无一不是靠产品创新、服务创优取胜的，即以质量为经营之本。可以说，没有质量就没有人类社会的进步，更没有现代人类社会商品经济的发展。

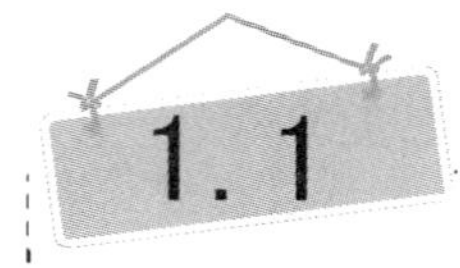

1.1 质量管理的基本概念

人们平时所说的质量，一般指以下几个方面：①产品质量，如手机的质量，包括外形是否美观实用，显示屏是否清晰；②工作质量，如接收信号是否畅通，声音是否清晰、好听；③服务质量，如手机使用说明书的质量、手机售后维修服务的质量；④知识和软件质量，如手机上网程序设计的质量；⑤环境质量，如手机工作时产生的电磁辐射对环境的影响及耗电量大小对能源的影响等。

此外，质量还可以指：①人的质量，特别是指人的素质；②企业质量，特别是指企业能够稳定地生产一定数量的合格产品和及时交货的能力：③军队质量，特别是指军队的战斗力；④国家的质量，特别是指国家的综合国力。质量管理学当然涉及上述质量，但更强调从各具体质量中抽象出来的质量的本质，从各项具体的质量管理工作中抽象出来的质量管理的规律。因此，质量管理学是从科学地认识质量和质量管理的概念开始的。

1. 质量的定义

质量，即“一组固有的特性满足要求的程度”。

“固有的”（其反义是“赋予的”）是指某事或某物中本来就有的，尤其是那种永久的特性。

“特性”，即可区分的特征。特性可以是固有的或赋予的，也可以是定性的或定量的。特性的类别很多，如物理的（或机械的、电的、化学的、生物学的特性）、感官的（如嗅觉、触觉、味觉、视觉、听觉）、品行的（如礼貌、诚实、正直）、时间的（如准时性、可靠性、可用性）、人体工效的（如生理的或有关人身安全等的特性）、功能的（如飞机的最高速度）。

“要求”，即“明示的、通常隐含的或必须履行的需求或期望”。“明示的”要求是指合同中规定的或顾客明确提出的要求；“通常隐含的”是指组织、顾客和其他相关方的惯例或一般做法，所考虑的需求或期望是不言而喻的。“必须履行的”是指法律法规的要求。要求可由不同的相关方提出，所以，质量术语中用“满足要求的程度”取代了“满足顾客要求的程度”。

致力于满足要求，就是要达到甚至超过顾客满意（Customer Satisfaction，CS）。顾客满意就是“顾客对其要求已被满足的程度的感受”。顾客抱怨是一种满意程度低的最常见的表示方式，但没有抱怨并不一定表明顾客很满意。另一方面，即使规定的顾客要求符合顾客的愿望并得到满足，也不一定能确保顾客满意。

直到20世纪末，质量仍被定义为“产品或服务满足规定或潜在需要的特性的总和”。

随着人们对质量认识的提高，这一概念的外延得到扩大，重新定义为“一组固有的特性满足要求的程度”。这一术语反映了质量管理原则的要求，尤其反映了以顾客为关注点的要求。其内核是满足要求的程度，强调在固有特性与要求之间，要求是主导的、第一位的。

2. 质量管理

质量管理，即“在质量方面指挥和控制组织的协调的活动”。

质量管理是组织为使产品质量能够满足不断更新的质量要求，达到顾客满意而开展的策划、组织、实施、控制、检查、审核和改进等所有相关管理活动的总和。概括起来，质量管理主要包括以下5个方面的内容：质量方针和质量目标的制定、质量策划、质量控制、质量保证以及质量改进与持续改进。

1）质量方针和质量目标的制定。质量方针是由组织的最高管理者正式发布的该组织总的质量宗旨和方向。质量方针是组织全体成员开展质量活动的准则，为质量目标的制定提供了框架和方向。

质量目标，即组织在质量方面所追求的目的，依据组织的质量方针而制定。通常对组织的相关职能和层次分别制定相应的质量目标。

2）质量策划。质量策划是质量管理的一部分，致力于制定质量目标并规定必要的运行过程和相关资源以实现质量目标。

其内容之一是编制质量计划。质量计划是质量策划的结果之一，是质量策划活动所产生的一种书面文件。

3）质量控制。质量控制是质量管理的一部分，致力于满足质量要求。质量控制的工作内容包括专业技术和管理技术两个方面。质量控制是指为满足质量要求而对产品质量形成全过程中上述两个方面的各种因素进行控制。

质量控制的具体方式或方法取决于组织的产品性质，也取决于对产品质量要求的改变。同时，在实际中，应明确具体的控制对象，如工序质量控制、外协件质量控制等。

4）质量保证。质量保证是质量管理的一部分，致力于提供质量要求会得到满足的信任。质量保证是组织针对顾客和其他相关方要求对自身在产品质量形成全过程中某些环节的质量控制活动提供必要的证据，以取得信任。

质量保证分为外部质量保证和内部质量保证。前者向组织外部提供保证，以取得用户和第三方（质量监督管理部门、行业协会、消费者协会）的信任；后者是使组织的管理者确信组织内各职能部门和人员对质量控制的有效性。

质量控制与质量保证之间的关系可理解为质量控制是基础，是具体操作过程，如检验过程本身；质量保证是目的，最终取得组织内部和外部的信任。

5）质量改进与持续改进。质量改进是质量管理的一部分，致力于增强在满足质量要求方面的能力。

就质量改进而言，要求可以是多个方面的，如有效性、效率和可追溯性。其中，有效性是指完成策划的活动和达到策划结果的程度；效率是指达到结果与所使用的资源之间的关系；可追溯性是指追溯所考虑对象的历史、应用情况或所处场所的能力。

持续改进是增强满足要求的能力的循环活动。

持续改进是对“没有最好，只有更好”最好的诠释。任何组织或任何组织内的任一业务，不管其如何完善，总存在进一步改进的余地。这就要求不断制定改进目标并寻找改进机会。持续改进体现了质量管理的核心理念：“顾客满意，持续改进”。

3. 过程与产品

（1）过程

过程即一组将输入转化为输出的相互关联或相互作用的活动。一个过程的输入通常是其他过程的输出。组织为了增值通常对过程进行策划并使其在受控条件下进行。

任何一项活动都可以作为过程进行管理，即系统地识别和管理组织所使用的过程，特别是这些过程之间的相互作用。将活动和相关的资源作为过程进行管理，可以更高效地得到期望的结果。产品实现过程是组织内部最基本的过程。此外，还有落实管理职责过程、资源管理过程以及测量、分析和改进过程。

产品实现过程的输入是顾客和其他相关方的需要和期望，以此作为设计和开发的依据，通过产品实现过程的各个环节，最终输出产品并提供给顾客。图 1-1 所示是产品实现过程模型。

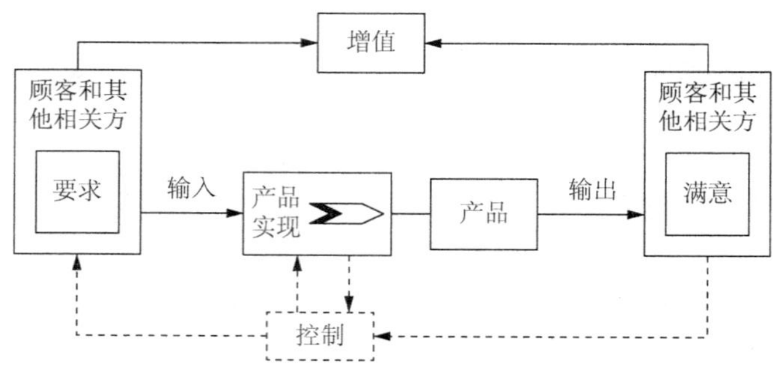

图 1-1　产品实现过程模型

管理职责过程要求组织的最高管理者做出满足顾客和其他相关方要求以及持续改进组织质量管理水平的承诺，相应地建立质量方针和质量目标，组织策划和提供为达到质量目标所需要的各种资源。

资源管理过程提供质量管理所需要的人力资源、设施及与实现产品质量要求相适应的工作环境，作为对产品实现的支持。

测量、分析和改进过程，一方面通过对组织内部实现过程进行测量和分析，保证产品质量和寻找改进机会；另一方面，搜集、整理和分析来自外部的、对产品和服务的反馈信息，以便为顾客提供更好的产品和服务。

（2）产品

产品即过程的结果。服务、软件、硬件和流程性材料是 4 种通用的产品类别。服务通常是无形的，是在供方和顾客接触面上的一项或多项活动的结果。软件由信息组成，通常是无形产品并可以以方法、论文、程序的形式存在。硬件通常是有形产品，其度量具有计数或计量的特性。流程性材料通常是有形产品，其度量具有连续的特性，如润滑油。硬件和流程性材料经常被称为货物。

1.2 质量管理的基本原理

1. 朱兰"螺旋曲线"

产品质量有一个产生、形成和完善的过程。美国的质量管理大师朱兰率先采用一条螺旋上升的曲线来表达这一过程。该曲线被称为朱兰"螺旋曲线"，如图 1-2 所示。

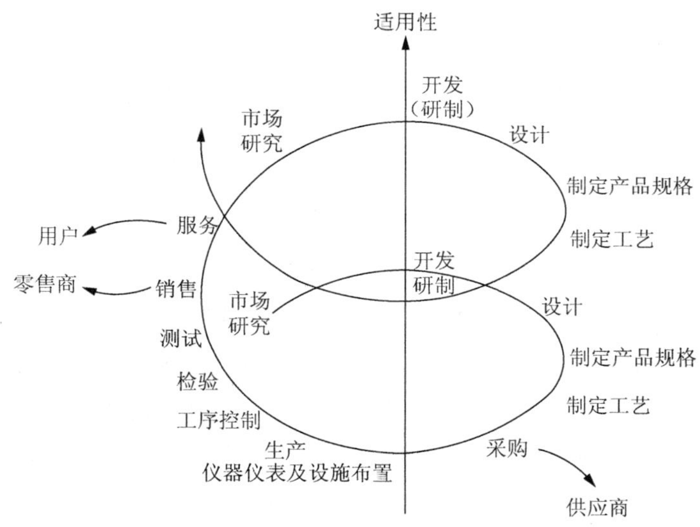

图 1-2　朱兰"螺旋曲线"

朱兰"螺旋曲线"反映了产品质量产生、形成和发展的客观规律，即产品质量形成的规律，归纳起来有如下几点：

1）产品质量形成的全过程包括市场研究、开发（研制）、设计、制定产品规格、制定工艺、采购、仪器仪表及设施布置、生产、工序控制、检验、测试、销售、服务共 13 个环节。

这个过程以市场研究为起点，体现了满足需求，以便让顾客满意的理念。这是一个循序进行的工作过程，一环扣一环、互相依存、互相促进、不断循环、持续改进。

2）产品质量的形成过程是一个不断上升、不断提高的过程，每一次循环到达服务环节之后，又以更高的水平进入下一次循环的起点——市场研究。

3）产品质量的形成过程是各环节质量管理活动落实到各部门及有关人员的过程。因此，产生了产品质量全过程管理的概念。

4）在螺旋曲线中有 3 个箭头分别指向供应商、零售商和用户，说明产品质量的形成过程，还要涉及组织以外的单位、部门和个人。因此，质量管理也是一项社会系统工程。除具有代表性的“螺旋曲线”外，朱兰还提出了质量管理三元论，即质量计划、质量控制和质量改进。质量管理三元论的核心是不断改进质量。

2. 桑德霍姆“质量循环”

瑞典的质量管理专家桑德霍姆提出了“质量循环”，从另一个视角表述了产品质量的形成过程，如图 1-3 所示。

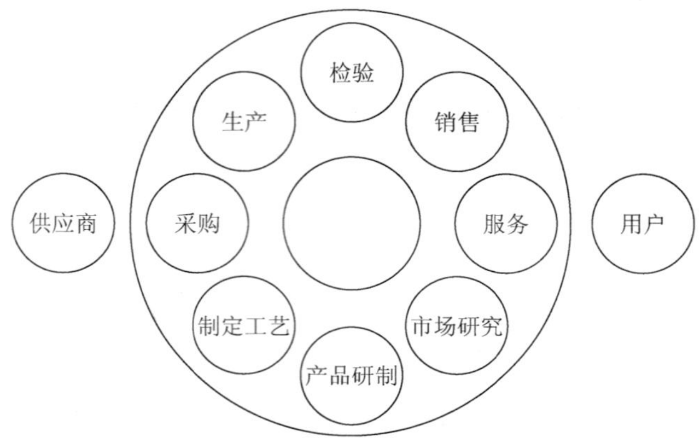

图 1-3 桑德霍姆“质量循环”

桑德霍姆“质量循环”和朱兰“螺旋曲线”异曲同工，都是用来说明产品质量形成过程的。可以把“质量循环”看作“螺旋曲线”的俯视图，只是它从 13 个环节中选择了 8 个主要环节来构图，也称八大质量职能。“质量循环”的内涵在于：质量水平的提高有赖于组织内部各个过程的密切配合。

3. 戴明“PDCA 循环”

“PDCA 循环”最早由美国质量管理专家戴明提出，所以又叫“戴明环”。“PDCA 循环”给出了质量管理的工作步骤。戴明认为质量管理同生产活动、科学研究以及人们日常生活、工作和学习等所有过程的活动一样，应该分为 4 个阶段。这 4 个阶段是计划（Plan）、实施（Do）、检查（Check）和处理（Action）。4 个阶段构成一次完整的循环过程。在“PDCA 循环”的 4 个阶段中共有 8 个步骤。

“PDCA 循环”中属于计划阶段的步骤有 4 个。

1）找出所存在的问题。

2）寻找问题存在的原因。

3）找出其中的主要原因。

4）针对主要原因，研究、制定改进措施。改进措施包括如下 6 个内容和要求，即 5W1H 原则。

① Why：为什么要制订这个计划。

② What：达到什么目标。

③ Where：在哪里执行。

④ Who：由谁来执行。

⑤ When：什么时间完成。

⑥ How：如何实施。

“PDCA 循环”中属于实施阶段的步骤如下：贯彻和执行改进措施，即按规定的目标和方法实实在在地去做。

“PDCA 循环”中属于检查阶段的步骤如下：检查执行效果，即检查计划实施的结果是否与计划阶段所制定的目标相一致。

“PDCA 循环”中属于处理阶段的步骤有如下两个：

1）巩固成果，即总结成功的经验和失败的教训，形成标准（制度化和规范化），指出应该怎样做和不应该怎样做。

2）对于遗留问题，提交到下一个循环解决。

“PDCA 循环”可以使质量管理工作更加条理化、形象化和科学化。

“PDCA 循环”的 4 个阶段不是孤立的，而是紧密连在一起的。它像一个车轮不断地转动，而且每转动一次就提高一步，如图 1-4（a）所示。“PDCA 循环”反映了计划、实施、检查和处理 4 个阶段是密切联系的，而且要求各部门、车间、工段直到小组都要参与到循环中去，从而形成大循环套小循环，互相推动，互相促进，使组织的质量管理水平不断得到提高，如图 1-4（b）所示。

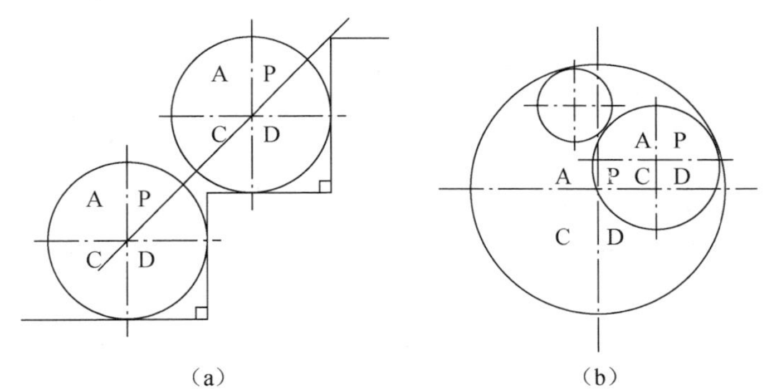

图 1-4　戴明“PDCA 循环”

除“PDCA 循环”外，戴明还提出了著名的 14 条质量管理要点。

1）为使企业具有竞争力并占领市场，应把改进产品和服务质量作为长期目标。企业所有人员要对质量改进做出公开承诺。

2）接受新观念。企业所有人员要不断学习新知识、更新观念。

3）摆脱对大规模检验的依赖性。通过建立基于统计过程控制的质量管理体系，从根本上提高质量水平。

4）采购、交易不应只注重价格。应综合评价供应商的能力，减少供应商的数量，与其建立长期的合作和信任关系。

5）持续改进生产和服务系统。不断提高质量，降低成本，提高生产率。

6）建立全面的在职培训制度。根据需要不断更新培训内容。

7）建立领导体系。通过协调和监督来实现企业的整体目标。

8）排除恐惧，让每个人都能有效地工作。营造一个鼓励创新的氛围，消除对员工的不信任感，使员工树立克服困难的信心。

9）破除部门之间的壁垒。加强部门之间的信息沟通，鼓励研发、设计、销售和生产部门协同解决质量问题。

10）取消不切合实际的口号、标语和目标。提供切实可行的质量改进工具和方法。

11）取消对一线员工的工作定额。对其进行投入、转换和产出方面的指导，提供过程改进的方法。

12）消除影响一线员工为其工作成果而自豪的障碍。把工作成果转变为员工继续努力工作的动力。

13）建立员工自我提高的机制。鼓励员工接受更多的培训和教育，以提高工作技能和个人素质。

14）采取积极的行动推进组织变革。了解外部环境的变化，推进组织变革，以增强企业的竞争优势。

4. 克劳斯比“零缺陷”

20 世纪 60 年代，克劳斯比在 Martin Marietta 工作。在那里，他提出了“零缺陷”概念，并以名言“开头就开好”而闻名。他强调预防，并对“总会存在一定程度的缺陷”的说法做出了正确的诠释：不是停滞不前的借口，恰恰相反，是持续改进的机会所在。20 世纪 70 年代，他成为 ITT 公司主管质量的副总裁并说服公司总裁在公司中树立起质量意识。1979 年，他的《质量免费》（*Quality is Free*）一书出版。这本书以通俗易懂的语言解释了质量概念。下面是克劳斯比的一些主要观点：

1）高层管理者必须承担质量管理责任并表达实现最高质量水平的愿望。

2）管理者必须持之以恒地努力实现高质量水平。

3）管理者必须用质量术语来阐明其目标是什么，以及为实现这一目标，基层人员必须做什么。

4）第一次就做对最经济。

5）每个人都尽到自己的工作职责。

6）企业应当追求“零缺陷”质量水平。

可以从以下几个方面来理解克劳斯比提出的“零缺陷”:

1）质量。这里的质量是指正确的质量、满足要求的质量。例如，20 世纪美国一些汽车公司把汽车做得很大就不是正确的质量。

2）免费。在正确的质量上的投入得到的回报会比投入多，即使这种回报不是立竿见影的。

3）追求。追求是一种愿望，未必已经达到，或非达到不可。

4）“零缺陷”。正是因为“质量是免费的”，所以要追求“零缺陷”。但这并不意味着在一定时期内不计代价地投入。在一定时期内，为了企业的生存与发展，应有一个最适宜的质量水平区域。然而，随着时间的推移，这个区域一定会向更高水平变化，终极但可能永远达不到的目标是“零缺陷”。

5. 产品生命周期质量管理

质量管理应体现产品（服务）质量形成的客观规律，应体现质量管理的目的与手段的逻辑关系，还应建立一种反馈机制。为此，提出了产品生命周期质量管理，如图 1-5 所示。

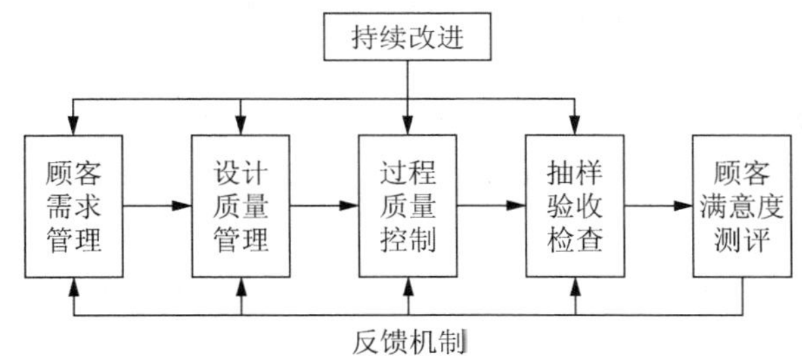

图 1-5　产品生命周期质量管理路线图

产品生命周期质量管理路线图体现了质量管理以下 3 个方面的含义：

1）体现了产品（服务）质量形成的客观规律。首先，把握顾客的真正需求，并对顾客需求进行有效管理；然后，根据顾客需求进行产品的开发与设计，并有效地管理设计质量，体现质量是设计出来的；接着，也是重点，管控产品实现过程，体现质量是制造出来的；在产品放行前，对产品进行抽样验收检查，体现不让一件不合格品流向顾客的思想；最后，也是归宿，在顾客使用产品后对产品有了感知的基础上对顾客的满意情况进行评价，并最终以可以量化的尺度测评顾客满意度。

2）体现了质量管理目的与手段的逻辑关系。质量管理的起点是顾客需求管理，终点是顾客满意，说明只有满足甚至超越顾客的需求，才能让顾客满意。

3）形成了一种质量管理的反馈机制。顾客满意说明实现了阶段性目标，但不是终点，仍然需要改进产品质量形成生命周期的各个阶段的工作。顾客不满意并不是结束的理由，恰恰相反，它说明产品质量形成过程需要大幅度地改进。这种反馈机制表现了“顾客满意，持续改进”的思想。

1.3 质量管理的发展历程与新发展

1. 质量管理的发展历程

（1）质量检验阶段

在工业革命之前，手工艺人参与工艺品生产的全过程。他们基于对自己制作的工艺品的自豪感和对自己名声的看重，以目视为主要方式检查工艺品。此时，可称为“操作者的质量管理”。

20 世纪初，泰勒提出科学管理原理，因此被誉为“科学管理之父”。泰勒的理论之一就是计划与执行分开，于是，产品质量检查职责由工人转移到工长那里，形成了所谓的“工长的质量管理”。

质量检验阶段最终实现了设计、制造、检验的“三权分立”。有人制定质量标准（立法），有人按照事先制定的标准进行生产（执法），有人负责鉴定所制造的产品是否符合质量标准（司法）。

这种以事后检验为主的质量管理方法有以下局限性：①因为各司其职，出现质量问题时，容易造成推诿、扯皮；②由于以事后检验为主，不能对生产过程进行有效预防和控制，等发现问题，已成事实；③这一阶段通常所采取的全数检验在许多场合根本行不通，即使后来所采取的百分比检验方法也存在“大批严，小批宽”的问题。

（2）统计过程控制阶段

1924 年，来自贝尔实验室的美国数理统计专家休哈特（W. A. Shewhart）提出统计过程控制理论，并首创了质量控制图。约 1930 年，同样来自贝尔实验室的道奇（H. F. Dodge）和罗米格（H. G. Romig）提出抽样检验理论，并编制了抽样数表。不过，直到第二次世界大战，统计过程控制才得到了广泛应用。

从第二次世界大战开始，质量控制在人们心目中的地位越来越重要。美国军方利用改进的抽样方法处理来自众多供应商的军需品运输问题。截至 20 世纪 40 年代，美国军方、贝尔实验室和多数高等院校在工程实践和培养管理工程师方面推广应用统计抽样方法。几乎同时，专业质量管理组织在美国全国范围内出现。其中之一便是美国质量控制协会，即现在的美国质量协会（American Society of Quality，ASQ）。

由于过分强调数理统计方法在质量控制中的应用，但又缺乏这些方法在员工中的普及教育，忽视了质量控制的组织管理工作，人们误认为质量控制是专职质量控制工程师的事情，挫伤了普通员工参与质量管理的积极性，影响了统计过程控制应有作用的发挥。

统计过程控制的主要特点可归结为实现了质量管理的 3 个根本性转变，即从以定性描述为主转变为以定量分析为主，从以事后检验为主转变为以事前控制为主，从以产品检验为主转变为以过程控制为主。

（3）全面质量管理阶段

从 20 世纪 50 年代开始，由于出现了一大批高安全性、高可靠性、技术密集型和大型复杂产品，仅在制造过程实施质量控制，已不足以保证产品质量，质量管理发展到了质量保证阶段，质量管理的重点从早期集中于生产过程扩展到了产品设计和原材料的采购。质量保证要求高层领导更多地参与到质量管理中来。

20 世纪 60 年代，“零缺陷”概念得以流行。“零缺陷”质量水平永远不可能达到，但不应为缺陷水平设定一个非零指标，即没有最好，只有更好。

1961 年，在理论研究和企业实践的基础上，美国通用电气公司质量经理费根鲍姆（V. A. Feigenbaum）在其著作《全面质量管理》一书中首次提出全面质量管理的概念，认为：“全面质量管理是为了能够在最经济的水平上，在充分满足用户要求的条件下，进行市场研究、设计、生产和服务，把企业各部门的研制质量、维持质量和提高质量的活动结合在一起，成为一个有效体系”。

全面质量管理可概括为“三全一多样”，即全员质量管理、全过程质量管理、全方位质量管理及多种多样的质量管理方法或工具。全员质量管理要求企业的每一位员工都要对质量水平的提高做出贡献。全过程质量管理要求从市场研究、产品开发、工艺设计、原材料采购、生产制造、储存与运输、销售和售后服务等各个环节都要重视质量管理。全方位质量管理要求企业内部各个职能部门，如质量部、工程技术部、生产部、行政部、人力资源部、财务部等都要对企业的质量负责。多种多样的质量管理方法或工具是指要想进行有效的质量管理必须引入专业的质量管理方法和工具。

2. 质量管理的新发展

（1）质量管理体系与卓越绩效模式正在成为各类组织的共识

1987 年，国际标准化组织（International Organization for Standardization，ISO）正式颁布了 ISO 9000 系列标准第 1 版（1987 版）。自此，在全球范围内掀起了 ISO 9000 热潮，迅速被各国标准化机构和企业认同和采用。

目前，ISO 9000 族标准已在全世界绝大多数国家和地区等同国家标准，并广泛应用于各种类型的组织。截至 2006 年 12 月底，获得 ISO 9000 认证证书的企业已经超过 50 万家。预计到 2016 年 12 月底，全球获得认证的组织在 100 万家左右。

在 ISO 9000 标准制定、修订和完善的过程中，许多国家和地区建立和发展起来了若干卓越绩效模式，除了美国、英国、法国、德国、日本等发达国家之外，加拿大、新加坡等一些新兴的工业化国家和发展中国家也都建立了国家质量奖计划。目前，世界上共有 60 多个国家实施了类似的计划。在这些质量奖计划中，较为著名、影响较大的是日本戴明奖、美国马尔科姆·鲍德里奇奖和欧洲质量奖。

日本戴明奖设立于 1951 年，奖励范围为符合标准的任何国家的任何组织，分为戴明奖（个人奖）、戴明应用奖和戴明控制奖 3 类，奖励的重点是组织统计过程控制的有效性，戴明应用奖的评定内容分为 10 项：方针、组织及其运营、培训和推行、分析、标准化、控制（管理）、质量保证、效果、远期计划，以及信息收集、沟通及利用。现在，戴明奖已成为享誉世界的质量奖项。

美国马尔科姆•鲍德里奇奖设立于 1987 年，用以表彰美国企业中在全面质量管理和提高竞争力方面做出杰出贡献的组织，该奖项引导企业通过持续的质量改进，以达到卓越的业绩标准而使得顾客满意。马尔科姆•鲍德里奇奖评定标准的总分为 1000 分，分为 7 个方面：领导、战略规划、对顾客和市场的关注、测量分析和知识管理、对人力资源的关注、过程管理、经营结果。

欧洲质量奖设立于 1992 年。其评定标准分为能力和绩效两大方面 9 个细项，两大方面即手段标准和结果标准。9 个细项包括领导作用、人员、方针与战略、资源、过程、人员结果、顾客满意、社会结果、经营绩效。

随着经济全球化进程的加速，国际竞争日趋激烈，各类组织（包括营利性和非营利性）都认识到致力于满足甚至超越顾客和相关方的需求和期望是组织生存和发展的基础。为此，必须建立并有效运行质量管理体系，实践卓越绩效模式，实现“顾客满意，持续改进”。

（2）可持续质量管理思想开始付诸实践

进入 21 世纪以来，社会对企业在诸如环境保护、资源利用、卫生健康等方面的要求越来越多、越来越严格，企业承担的社会责任日益加重。为此，企业组织应从其公民地位的高度来制订质量计划、质量目标，实施日常质量管理。

越来越多的企业在考虑：应最大限度地减少产品在设计、制造、运输、销售和售后服务以及最终回收利用等全生命周期中对环境的负面影响。

越来越多的企业认识到：在顾客不知情的情况下主动召回有缺陷的产品不但不会损坏企业的声誉，反而会赢得更多顾客的信任。

（3）企业质量文化建设得到了前所未有的重视

1）企业质量文化的内涵与外延。企业质量文化是指以社会经济发展为背景，在企业长期生产经营活动中，由企业管理层特别是主要领导倡导、职工普遍认同而逐步形成的有关质量的价值观和意识、管理思想和道德规范、技术知识和管控手段等因素的总和。

企业质量文化由物质层、行为层和理念层 3 个层面组成。这 3 个层面从低到高组成了质量文化金字塔。物质层是企业质量文化的基础性层面，包括生产运营环境和条件、生产运营技术和技巧等，也包括业已形成的企业形象、品牌等。行为层是以物质层为载体，企业为社会创造财富的规范，包括企业规章制度、标准、准则、规范等。理念层是质量文化的精神层，包括质量意识、质量管理思想、质量方针等。

企业质量文化是企业文化的重要组成部分，也是企业文化的核心内容。只有实现了以企业质量文化为导向，才能有效地优化和提升企业文化。

企业质量文化决定着企业产品或服务的质量水平，决定着能否达到或超越顾客满意，是实现卓越绩效的基础，也是企业履行社会责任的保证。

2）企业质量文化建设的必要性。企业质量文化的内涵与外延、重要性及其与企业文化的关系表明了实施企业质量文化建设的必要性。

① 社会经济发展的必然要求。质量文化的形成与演变是以社会经济发展为背景的。随着社会进步和科学技术的长足发展，必须不断优化和提升企业质量文化。

就中国企业而言，目前企业质量文化建设仍集中在质量理念或意识的探索中，缺乏科学的、系统的规划与实施。其具体表现为重理念探索，轻物质建设；重口号标语，轻实际操作；重结果检验，轻过程控制；重定性描述，轻定量分析。企业质量文化建设的这种现状与国际社会经济发展现状和现代企业发展水平不匹配。

② 企业生存和发展的必然要求。今天，随着人们可支配收入和自由时间的增多，以及价值观的改变，人们对产品或服务的需求呈现出多样化，同时对产品或服务的质量提出了越来越严格的要求。企业要想满足甚至超越顾客的需求，从而赢得生存和发展空间，就必须重塑企业质量文化。

中国企业存在的典型问题是重现实效益，轻长期磨炼；重被动满足，轻主动超越。现实效益的逐利性使得改变企业的经营方向具有很大的随意性。同时，也正是由于现实效益的导向性，不少企业只愿意满足已知的顾客需求，不愿意挖掘潜在的顾客需求。

3）企业质量文化建设的主要内容与步骤。

① 企业质量文化建设的主要内容包括硬件建设和软件建设两个方面的内容。硬件建设就是要实施企业质量文化物质层的构建与完善。硬件建设具体包括设施器具、厂容厂貌、品牌形象、方法工具等的建设与完善。软件建设就是要塑造企业的行为规范、标准、准则，凝练出质量理念，具体包括企业的规章制度、产品（或服务）的标准规范、流程规范、企业内部人员之间以及企业与外部人员之间的行为准则、质量定位、质量方针、质量规划等。

② 企业质量文化建设的主要步骤。企业质量文化建设是一个系统工程，一般需要经过以下几个步骤：

a. 现状调查，即分析本企业在同行业或同一区域中与先进企业之间的差距及成功经验。这一阶段的核心是忠实地反映现状，不回避矛盾，不掩盖问题。

b. 宣传发动，即通过宣传发动让全体员工认识到质量文化在企业经营发展中的战略重要性。这一阶段的核心是全体员工对企业质量目标有统一的认识。

c. 推进实施，即着手建设和维持企业质量文化的硬件和软件。这一阶段的核心是让全体员工认识到硬件与软件缺一不可、相辅相成。

d. 巩固提高，即通过评定取得的成绩，形成阶段性成果，条件成熟后持续优化和提升企业质量文化。这一阶段的核心是保持已取得的成果。

总之，我国对企业质量文化建设已经从模糊不清上升到认识统一，从理论探讨上升到实际操作。

思考与练习

1. 解释以下概念：质量、要求、质量管理、质量控制、质量保证、过程、产品。
2. 谈谈对朱兰“螺旋曲线”的理解。

3．简述戴明“PDCA 循环”。

4．谈谈对克劳斯比“零缺陷”的认识。

5．简述产品生命周期质量管理。

6．简述质量检验阶段的主要特征和局限性。

2 单元 全面质量管理

◎ **单元导读**

全面质量管理是组织企业全体职工和各相关部门参加、综合运用现代科学和管理技术成果，控制影响质量形成全过程的各因素，以经济地研制、生产和提供用户满意的产品和服务为目的的系统管理活动。

2.1 全面质量管理的基本观点和特点

1. 全面质量管理的基本观点

（1）为用户服务

全面质量管理的一切活动都以“为用户服务”为指导思想，以为用户提供满意的产品和服务为目标。在这里，“用户”不仅指本企业产品的用户，而且包括企业生产和工作中的下道工序。“下道工序就是用户”，下道工序的要求是上道工序的质量目标，每道工序都为下道工序着想，即“以用户为中心”。这样，各个工作环节之间相互协调、相互促进，切实保证了本环节的工作质量，从而使企业的工作质量得到保证。

（2）以预防为主

全面质量管理理论认为，产品质量是在设计、制造、流通和使用过程中逐步形成的，必须“以预防为主”，把管理的重点从产品的“事后”检验，转变为对质量形成因素进行控制，把不合格品消灭在产品的形成过程中。

（3）用数据说话

全面质量管理强调用数据和事实来分析处理各种问题。通过掌握真实可靠的数据并进行分析、整理，从而掌握质量波动的规律，发现质量问题，采用适当措施进行控制。这就使定性管理变为定量管理，提高了管理的准确性和科学性。

2. 全面质量管理的特点

同质量检验和统计质量控制阶段相比较，全面质量管理具有以下特点：

1）管理的指导思想是以向用户提供完全满意的产品和服务为目标的，即“一切以用户为中心”。

2）管理的内容是全面的，即管理内容不仅包括产品本身的质量，而且包括与产品质量有关的工序质量和工作质量，必须对影响产品质量的各种因素进行全面的控制。通过改善和提高工作质量来保证和提高产品质量，预防和减少不合格品发生，降低成本，周到服务，满足用户各方面的需要。

3）管理的范围是全面的，它包括产品的设计、制造、辅助生产、供应服务、销售直至使用的全过程。产品质量是整个企业生产经营活动的成果，它有一个逐步形成的过程。全面质量管理要求对产品质量形成的每一个环节都加强管理，保证每一个环节的质量。同时，在全过程的管理中，使各个环节紧密联系、互相制约、互相促进，最终使产品质量螺旋上升。其上升过程如图 1-2 所示。

4）参加管理的人员是全面的，即企业全体人员都参加质量管理。质量的高低既然是企业生产经营活动全过程的综合结果，那么它必然涉及企业的所有部门和全体职工。要保证和提高产品质量，必须依靠企业全体人员的努力。因此，要在全企业中形成人人关心质量管理、人人对质量负责的良好氛围。

5）质量管理的方法是全面的，即在质量管理中综合运用多种管理技术和科学方法，组成多样性的、全面的质量管理方法体系。在全面质量管理中，不是单一地依靠质量检验、统计方法，而是把质量统计方法与改善组织管理、改革专业技术以及激励等方面紧密结合，综合运用。

3. 全面质量管理的内容

从产品质量形成的全过程来看，全面质量管理的内容包括设计过程的质量管理、制造过程的质量管理、辅助生产与服务过程的质量管理、使用过程的质量管理。

（1）设计过程的质量管理

设计过程是指产品正式投产前的全部开发、研制过程。这个过程进行质量管理的目的是保证产品开发设计的质量，避免产品“先天不足”。设计过程的质量工作主要如下：①正确制定质量目标；②保证产品先行开发的工作质量；③严格设计审查和工艺验证；④保证产品的试制和鉴定工作质量；⑤保证技术文件的质量。

（2）制造过程的质量管理

制造过程的主要任务是建立一个能够稳定地生产合格产品的管理网络，贯彻“预防为主”的方针，抓好每个环节的质量保证，防止和减少废品的产生，严格把关，保证不合格品不转工序、不出厂。其具体工作如下：①加强工艺管理，严守工艺规程，全面控制影响产品质量的各因素；②严格进行质量检验，把好质量关；③开展质量分析，掌握质量动态；④加强不合格品的管理。

（3）辅助生产和服务过程的质量管理

辅助生产和服务过程以提供优质服务和物质技术条件来保证质量为目的。辅助生产和生产服务工作（包括物资供应、工具供应、动力供应、设备维修、运输保管等）都是为产品直接加工创造物质技术条件的。辅助生产和服务过程的质量工作内容主要包括两个方面：一是提高本身工作的质量，保证设备经常处于良好的状态，提供符合标准要求的物资、工具、动力等；二是提高服务质量，及时解决生产经营中物资、技术方面的问题，确保生产的各种需要。

（4）使用过程的质量管理

使用过程的质量管理以保证产品质量特性在使用中能正常发挥，满足用户使用要求为目的。其主要任务如下：①保证产品以良好的质量状态进入消费过程；②保证产品在使用过程中正常发挥其作用，满足用户需要；③收集有关质量信息，为改进和提高产品质量提供依据。其具体工作内容如下：①认真做好销售中的质量工作，保证不合格品不出厂；②积极开展技术服务，提供详尽的技术说明和使用说明书，设立维修网点，提供备品配件；③认真处理好出厂产品的质量问题，严格执行“三包”；④进行使用效果与使用要求的调查，及时反馈质量信息。

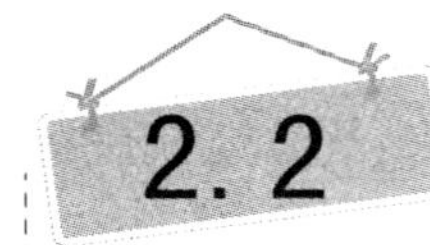

2.2 质量管理体系与质量认证

2.2.1 ISO 9000 族标准

1. ISO 9000 族标准的产生

“ISO 9000 族质量管理体系标准”是指由国际标准化组织质量管理和质量保证技术委员会（简写为 ISO/TC 176）制定并发布的所有标准，“9000”是标准的编号。

随着科学技术的进步和社会生产力水平的不断提高，企业活动的空间超越了国家地区的界限而进入全球范围，在激烈的市场竞争尤其是国际市场竞争中，非价格竞争成为主要手段，产品的质量往往是成交的首要条件。为加强质量保证，许多国家纷纷编制和发布了质量管理和质量保证标准。随着质量管理和质量保证的发展，特别是国际贸易的不断扩大，对供方的质量保证能力进行审核，对生产方内部的质量体系进行评价，已成为贸易交往和国际经济合作的前提。但是，各国质量管理和质量保证标准在基本观念、要求和方法上日益显示出较大的差异。为了消除国际贸易中的因标准不同而造成的技术壁垒，客观上要求建立国际统一的准则。

因此，国际标准化组织质量管理和质量保证技术委员会经过多年的努力，于 1987 年正式颁布了第一套国际化的质量管理和质量保证标准，简称 ISO 9000 系列标准。经过实践、总结与修订，于 1994 年发布了 1994 版 ISO 9000 族标准，2000 版 ISO 9000 族标准也于 2000 年底正式发布。

这套标准是在总结工业发达国家质量管理包括全面质量管理经验的基础上形成的，是一种通用的、并得到世界各国普遍承认的规范。这套标准的颁布和使用，使世界各国质量管理在概念、原则、方法和程序上统一在国际标准之下，标志着质量管理上升到规范化、标准化、系统化、程序化的新高度。

2. ISO 9000 族标准（2000 版）的基本内容

ISO 9000 族标准最初称为 ISO 9000《质量管理和质量保证系列标准》。它是 ISO/TC 176 1987 年颁发的，编号为 ISO 9000、ISO 9001、ISO 9002、ISO 9003、ISO 9004，简称为 ISO 9000 系列标准。1994 年，ISO/TC 176 对该系列标准进行了修订，由原来的 6 项发展为 16 项，称为 1994 版 ISO 9000 族标准。2000 年，ISO/TC 176 在对 1994 版标准进行修订的基础上，发布了新版本的 ISO 9000 族标准，称为 2000 版 ISO 9000 族标准。

2000 版 ISO 9000 族标准由 4 项核心标准、一系列支持性标准和文件组成。4 项核心标准如下：

1）ISO 9000《质量管理体系·基础和术语》，它阐明了质量管理体系的基础知识，规定了质量管理体系的术语和基本概念。

2）ISO 9001《质量管理体系·要求》，它规定了质量管理体系要求，用来证实组织具有提供满足顾客要求和适用法规要求的产品的能力，目的在于增进顾客满意。它是质量管理体系认证的基础。

3）ISO 9004《质量管理体系·业绩改进指南》，它提供了提高质量管理体系有效性和效率两方面的指南，其目的是促进组织实现、保持和改进整体业绩，使顾客和其他相关方满意。该标准也可用于评价质量管理体系的完善程度。

4）ISO 19011《质量和（或）环境管理体系审核指南》，它为运用质量管理体系或环境管理体系的组织进行内审和外审提供了指南。

2000 版 ISO 9000 族标准的特点：面向所有组织，通用性强；文字通俗易懂，结构简化；确立管理原则，统一理念；提倡过程方法，操作性强；强化领导作用；突出改进，提高有效性；兼顾相关方利益；质量管理体系与环境管理体系相互兼容等。尤其是质量管理 8 项原则的明确提出，为质量管理提供了理论基础和基本准则，也为标准的实施提供了指导思想。

3. 质量管理 8 项原则

2000 版 ISO 9000 族标准在总结以往质量管理经验的基础上提出了质量管理 8 项原则，具体如下。

1）以顾客为关注焦点。顾客是企业存在的基础，企业应把顾客要求放在首要地位，“满足顾客要求并争取超越顾客期望”。

2）领导作用。最高领导者的决策和领导是企业质量管理成功的关键，在管理中必须重视和发挥领导作用。

3）全员参与。各级人员是企业组织之本，要创造良好的工作环境，让他们充分参与企业活动，使其才干为企业带来巨大的利益。

4）过程方法。在质量管理中，任何一项活动都可以作为一个过程来实施管理，通过“过程方法”确保每个过程的质量，以更高效地达到目标。

5）管理的系统方法。将整个质量管理过程作为一个系统，通过建立质量管理体系，利用体系管理的方法，系统地实施各个过程的控制，以提高管理的有效性和效率。

6）持续改进。不断地、积极地寻找改进的机会，努力提高有效性和效率，确保不断增强企业的竞争力，使顾客满意。对于企业来说，持续改进是一个“永恒的主题”。

7）基于事实的决策方法。必须以事实作为决策依据，以防止决策失误。

8）与供方互利的关系。应处理好与供方的关系，对供方不能只讲控制，要建立合作互利的伙伴关系，共同为提供使顾客满意的产品而努力。

4. 实施 ISO 9000 族标准的意义

ISO 9000 族标准正式发布后，很快受到世界各国的普遍重视。许多国家把按国际标准建立质量体系并使其有效运行作为产品认证的首要要求，许多大工业公司，尤其是跨国公司都制订了在公司内各个作业场所实施国际标准的计划，许多大型政府采购集团都用国际标准中的要求与供应商签订合同。

我国为适应国际贸易发展的需要，于 1988 年等效采用 ISO 9000 系列标准，国家标准编号为 GB/T 10300。1992 年又将 ISO 9000 系列标准等同转化为国家 GB/T 19000 族标准，并依据此标准开展了质量体系的认证工作。1994 年又及时等同转化了修订后的 ISO 9000 族标准，国家标准编号为 GB/T 19000—1994 族标准。2000 版 ISO 9000 族标准发布后，国家质量监督检验检疫总局已将其等同转化为国家 GB/T 19000—2000 族标准。积极推行 ISO 9000 族标准，对于提高我国质量管理水平，提高竞争能力，参与国际经济活动有着重要的意义。

（1）有利于促进我国质量管理水平进一步提高

ISO 9000 族标准是许多发达国家质量管理实践经验的科学总结，是从标准化、规范化的角度对质量管理的理论和方法进行的系统性概括，它提供了质量管理体系建立和持续改进的框架，为有效提高企业的运作能力和增强市场竞争能力提供了有效的方法。因此，实施该标准可帮助我国企业建立和完善质量管理体系，促进企业素质和质量管理水平的提高。

（2）有利于参与国际经济活动，提高竞争能力

在国际经济技术合作中，ISO 9000 族标准被视作相互认可的技术基础和国际交流中通用的语言及准则。在合作开发、合作生产、产品贸易、技术交流、质量仲裁等活动中，均用这套标准作为确认质量能力的依据；取得质量管理体系认证，已成为参与国内、国际贸易，增强竞争力的有力武器。我们只有适应这种国际趋势，积极贯彻 ISO 9000 族标准，才能消除技术壁垒，使我国在国际市场占据有利地位，提高竞争能力。

（3）有利于提高产品质量，保护消费者利益

随着科技的进步，新产品不断涌现，并朝着高科技、多功能、机械化和复杂化方向发展。消费者在选购和使用产品时，往往因不懂或无检测手段而无法在技术上对产品加以鉴别。即使生产厂家按技术要求进行生产，但若技术规范本身不完善或企业质量管理体系不健全，产品质量也无法达到规定的要求。只有按照 ISO 9000 族标准，建立健全的质量管理体系，不断地改进产品和过程，使影响质量的因素始终处于控制状态，才能持续提供满足要求的产品，从而有效地保护消费者利益。

（4）有利于企业的持续改进和持续满足顾客的需求和期望

顾客的需求和期望是不断变化的，这就要求企业必须持续地改进产品和过程。按照 ISO 9000 族标准建立的质量管理体系恰恰为企业改进其产品和过程提供了一条有效途径，帮助企业实现持续改进和持续满足顾客的需求和期望。

2.2.2 质量管理体系

1. 质量管理体系的含义

质量管理体系是企业在质量方面进行管理和控制的管理体系，即建立质量方针和质量目标并实现这些目标的体系。这一体系是由若干有关的要素相互联系、相互制约而形成的

一个有机整体。质量管理体系要素包括与质量管理相关的工作过程以及每一过程中应开展的质量活动，可分为硬件和软件两大部分。人力、技术和各种设施等物质技术条件是质量管理体系的硬件，组织机构、职责、程序和质量工作过程形成了质量管理体系的软件。通过它们把企业各部门、各环节的质量活动严密地组织起来，从而形成一个相互联系、相互促进、相互协调的有机整体。企业质量管理正是通过建立健全质量管理体系来实施的，它使质量管理工作制度化、系统化和程序化。因此，质量管理体系是质量管理的精髓和核心。

（1）建立质量管理体系有助于实现企业的目标

企业要保证质量就必须对形成质量的全过程进行系统控制，而质量管理体系可以将这一控制过程的全部要素制度化、系统化和程序化．充分考虑了企业、社会和顾客各方面的利益、风险和成本，从而保证企业目标的实现。

（2）质量管理体系是企业管理体系的一部分

一个企业的管理体系可包括若干个不同的管理体系，如财务管理体系、环境管理体系等。质量管理体系是其中的重要组成部分，它与其他管理体系共同作用，才形成了全面、系统、有效的企业管理。质量管理体系在企业内部是实施质量管理的载体，对外则用来证实企业的实力。

（3）质量管理体系是一个文件化的体系

进行有效的质量管理，必须明确组成质量管理的过程及其运行程序和方法，明确该体系与企业内其他体系的关系。因此质量管理体系必须是一个文件化的体系，即通过成套的质量管理体系文件，明确上述问题。质量管理体系文件对内是实施各项质量管理活动的依据，确保各个过程的有序运行；对外是企业存在一个有效的质量管理体系的表征，是证实企业能力的重要证据。

（4）质量管理体系是一个动态的体系，必须进行持续改进

由于企业在认识、技术等方面的局限，其质量管理体系不可能一步到位、十全十美；随着社会进步、科技发展、市场变化，对企业的要求也在不断变化。因此，企业需要不断地改进工作，调整质量管理体系，保证质量管理的有效性。

2. 质量管理体系的建立与改进

原则上，一个企业内总是存在着一个质量管理体系的，问题在于它是否规范和有效。ISO 9000 族标准为企业实现这一目标提供了一套可借鉴的体系标准，全面质量管理则提出了在实现这一目标的基础上达到和保持高质量水平的要求。因此，建立和改进质量管理体系的过程，就是规范质量管理，提高其有效性的过程。建立质量管理体系的主要工作步骤包括分析需求、确定质量目标，设计质量管理体系结构，形成质量管理体系文件，实施、审查和改进质量管理体系等。

（1）质量管理体系的构成

1）管理职责：包括规定最高管理者的职责、确定质量方针、进行质量策划、制定质量目标、建立组织机构、明确所有部门和员工的职责和权限、编写质量手册和其他质量文件、进行管理评审等。

2）资源管理：包括识别、配备、评价和改进实现质量目标所需要的资源，如人员、供方、信息、基础设施、工作环境、资金等。

3）产品实现：包括确定顾客和其他相关方的要求，设计和开发、采购、生产和服务提供、生产和服务控制等。

4）测量、分析和改进：即对产品、过程和体系以及顾客和其他相关方的满意程度等进行测量和分析，对测量和分析中发现的问题和不足进行改进。

质量管理体系的构成要素及运行过程如图 2-1 所示。

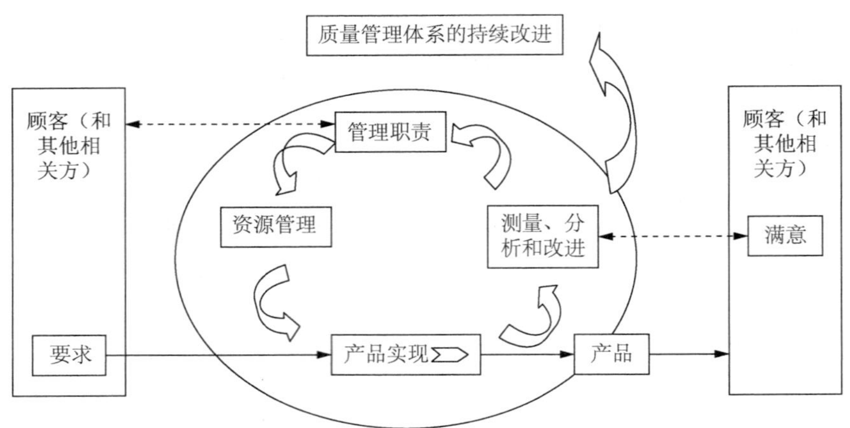

图 2-1　质量管理体系的构成要素及运行过程

图 2-1 中位于中间的椭圆形代表一个组织的质量管理体系，左右两侧表示相关方，如顾客、组织的所有者和员工、供方、合作者、银行和社会等。其中，左侧表示相关方对产品的需要和期望，右侧为相关方对组织提供产品的满意程度。

管理职责、资源管理、产品实现以及测量、分析和改进 4 个过程是相互作用的关系，产品实现过程是主过程，对过程的管理构成管理过程（管理职责），实现过程所需资源的提供构成资源管理过程，对实现过程的测量、分析和改进则构成支持过程。

（2）建立质量管理体系的要求

1）识别质量管理体系所需的过程，包括确定顾客及其他相关方的需要和期望，建立质量方针和质量目标，确定实现质量目标必需的过程及其职责。质量管理体系中的主要过程包括管理活动、资源提供、产品实现和测量过程。

2）确定这些过程的顺序和相互作用，即分析、确定各过程的输入、转换和输出，以及各过程之间的接口和衔接关系，明确过程所需要的资源。过程的顺序常用流程图来表达。

3）确定过程运行及控制的准则和方法。要规定过程目标、运行方法、测量方法和控制方法；建立和保持所需的指导书、规范、标准和记录。

4）运行质量管理体系。为确保这些过程达到预期的结果，企业必须能够获得必要的资源和信息，包括人力、资金、设备等，保证体系正常运行。

5）监视、测量和分析过程的有效性。要了解过程运行的趋势及实现计划结果的程度，评价过程运行的有效性。

6）采取改进措施，包括防止不合格发生和进一步改进的措施，实施改进措施，评价改进效果。

这些要求不仅给出了建立质量管理体系的总体思路，也适用于质量管理体系的实施、保持和持续改进。

（3）质量管理体系文件

质量管理体系文件是进行质量管理、衡量企业质量保证能力的重要依据之一，是质量管理体系的文字描述，它可使企业的各项活动有法可依、有章可循。质量管理体系文件主要涉及 5 方面：①形成文件的质量方针和质量目标；②质量手册；③形成文件的程序（程序文件）；④企业为确保其过程的有效策划、运行和控制所需的文件（其他文件）；⑤记录。

质量方针和质量目标的内容通常包含在质量手册或其他质量文件中。质量手册是描述质量管理体系的综合性文件。形成文件的程序包括文件控制、质量记录的控制、内部审核、不合格控制、纠正措施和预防措施。其他文件包括各种规定、标准、岗位责任、作业指导书、操作规程、管理细则以及合同等。记录是指对所完成的活动或达到的结果提供证据的文件。质量管理体系文件的结构如图 2-2 所示。对于这 5 类文件，某些小企业可以都在质量手册中表述，而大企业则需要分别描述。

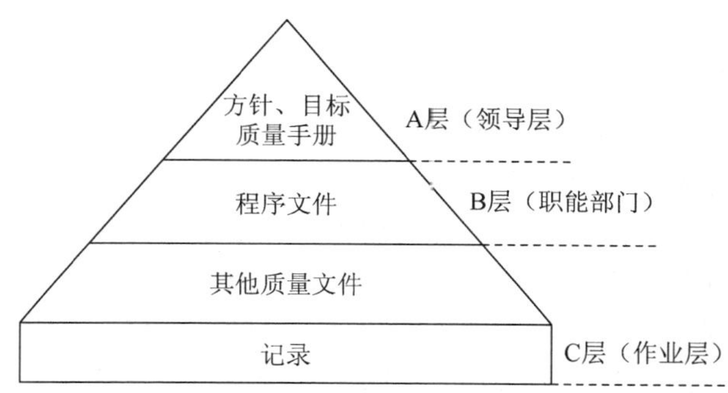

图 2-2　质量管理体系文件的结构

2.2.3　质量管理体系的运行方式

质量管理体系是按照计划、实施、检查、处理 4 个阶段周而复始地进行质量管理工作的。这个工作过程简称为“PDCA 循环”（见图 1-4）。该部分内容单元 1 中已经详细介绍，在此不再赘述。

2.2.4　质量认证

质量认证是由公认的、权威的、具有独立第三方法人资格的认证机构（由国家管理机构认可并授权），对申请方产品和质量管理体系是否符合规定要求所进行的鉴别以及提供文件证明和标志的活动。它是质量审核的一种，也称第三方审核。

质量审核是确定质量活动和有关结果是否符合计划安排，以及这些安排是否有效地实施并适合于达到目标的、有系统的、独立的检查。质量审核可按不同标准进行分类。

1）质量审核按审核对象分为产品质量审核、过程（工序）质量审核、质量管理体系审核。

2）质量审核按审核方法分为第一方审核（企业对自身的审核）、第二方审核（顾客对供方的审核）、第三方审核（独立于企业和顾客之外的一方进行的审核）。

第一方审核又称内部审核，第二方审核和第三方审核又称外部审核。第三方审核需要由审核方出具审核证明文件，故又称为质量认证。

质量认证可分为产品质量认证和质量管理体系认证两类。

1. 产品质量认证

产品质量认证是经认证机构确认并通过颁布认证证书和认证标志证明某一产品符合相应标准和规定的活动。产品质量认证的依据是质量标准。获准认证的基本条件：①产品质量符合指定标准要求；②质量管理体系符合质量标准及特定产品的补充要求。对获得产品质量认证的产品有两种证明方式，即认证证书（合格证书）和认证标志（合格标志）。产品质量认证分为强制性认证和自愿性认证两种。ISO 对强制性认证的定义："以法制强制执行的认证制度"。凡实行强制性认证的产品在取得认证资格之前，不许生产、销售和出口。一般来说，法律、法规对有关人身安全、健康有特殊规定者实行强制性认证，其他产品则实行自愿性认证。

2. 质量管理体系认证

质量管理体系认证又称为质量管理体系审核与注册，它是依据ISO 9000族标准的要求，经认证机构确认并通过颁发认证证书（注册）和认证标记来证明某企业的质量管理体系符合要求的活动。质量管理体系认证的核心是检查和评价申请方质量管理体系的质量保证能力，而这种质量保证能力最终通过产品体现出来。一般来说，获得产品认证资格的企业无须再申请质量管理体系认证，这是因为企业在进行产品认证时，必须对其质量管理体系进行检查评定。若同时生产几种不同类别产品的企业获得质量管理体系认证后，需要申请不同产品认证，则可免去对质量管理体系通用要求的检查评定。因此，产品质量认证与质量管理体系认证是相互联系的。

企业质量管理体系审核包括以下内容：①企业质量方针、质量目标和质量计划的合理性、正确性及执行的有效性；②企业领导质量职责及全体人员质量职能的履行情况；③企业质量管理体系符合 ISO 9000 族标准要求的情况；④组织机构和质量机构；⑤管理和工作程序实施效果；⑥人员、装备、器材、检测技术等资源对质量的保证程度；⑦工作领域、作业和工序等正常状况和质量水平；⑧产品、在制品等符合标准和规范的程度；⑨质量体系文件、质量文件、报告和质量记录的正确、完善、有效情况；⑩质量信息系统的运行和有效性；⑪质量管理体系实施和保持的有效程度。

质量认证有严格的程序，通常是由企业向认证机构提出申请，申请获准后，由认证机构任命一个检查组对企业的质量管理体系进行检查和评定。若是产品认证，检查组还将在现场随机提取样品，送检验机构检查，并将检验报告送认证机构审查，通过审查可发给证书。企业获得认证资格后，认证机构将继续履行监督管理职责，企业若发生不符合认证要求的情况，认证机构会提出警告，直到撤销认证。

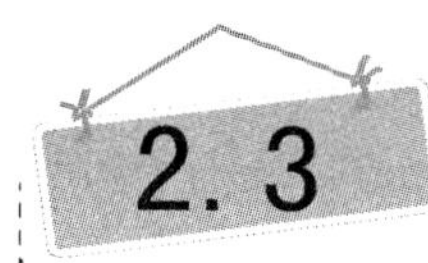

2.3 质量管理的统计方法

2.3.1 质量管理统计方法的基本原理

1. 质量管理统计方法的特点

质量管理统计方法是运用数理统计的原理，通过对具有代表性的局部情况进行调查分析（即收集、整理、分析质量数据），找出局部质量变化的规律性，并据此预测和推断总体的质量，从而进行质量控制的。它与传统的质量检验方法相比，具有以下特点：①采用系统的抽样检验而不是全数检验，是“用样本说明总体”，所以大大减少了检验的工作量；②伴随着生产过程进行检验和分析而不是事后检验，故能及时发现质量问题，消除隐患；③对工序进行控制和管理，使之始终处于稳定状态，因此可将不合格品率控制在一定水平上，进而达到保持产品质量的目的；④采用统计方法，有助于系统积累资料和分析研究，进一步挖掘提高产品质量的潜力。

采用质量统计方法的程序：①收集与整理数据；②依据已整理好的数据统计图表进行统计分析，若发现异常，需找出其影响因素，以便消除；③根据统计分析结果，对总体质量的现状或发展趋势做出判断，以便采取措施进行控制。

2. 质量管理中的数据

采用质量管理的统计方法，要以数据为依据。因此，正确地收集、整理、分析有关的质量数据，就是统计质量控制的重要基础。

（1）数据的分类

质量数据一般可分为计量值数据和计数值数据两大类。计量值数据是可以连续取值的（一般可用小数表示），可用测量工具或仪器进行测量而取得的数据，如长度、体积、质量、温度、强度、成分等。计数值数据是不可连续取值（用整数表示）、不能用测量工具或仪器直接测量的数据，是一种判断属性的数据，如不合格品数、缺陷数等。计数值数据又可分为计件数据和计点数据两类。计件数据是对产品按件检查所产生的数据，如不合格品数。计点数据是指每件（或单位）产品上某种质量缺陷按点计数的数据，如铸件上的砂眼数、荧光屏上的气泡数、电镀件上的斑点数等。

（2）数据的收集

质量数据一般是从一批产品或者一道工序中采用抽样检查的方法取得的。被检查的对象称为“总体”或“母体”，从总体中抽取的一部分样品称为“样本”或“子样”。对样本进行测试就可得到若干数据，通过对数据的整理分析，便可判断总体的质量状态。由于质量分析的目的不同，取样的对象和方法也不同。如果目的是判断工序质量，进行工序控制，就应以工序作为检测对象，从中定时地随机抽取一部分产品加以检测，取得数据；如果目的是判断一批产品的质量，则应以这批产品作为检测对象，从中随机抽取一部分产品进行检测。

（3）数据的基本特征

1）波动性。实践证明，在生产过程中，无论生产条件多么一致，就是在同一台设备上、由同一个工人用同样的材料和加工方法生产出来的同一批零件，都会存在一定的差异，其质量数据都不可能完全一致。这就是质量数据的波动性。这种波动可分为两种情况：正常波动和异常波动。正常波动是指生产条件（通常是指 4M1E①）正常情况下的波动，也就是生产过程处于受控状态时的波动。这类波动不会影响产品质量。造成这类波动的因素称为偶然性因素，如机床的微小振动、刀具的自然磨损、原材料中的微量杂质或性能上的微小差异、工人操作时动作的微小变化等。这些因素在生产过程中是大量存在、不可避免的，很难测定和发现，从技术上也难以消除。它们对产品质量的影响很小，所以不需要进行控制。异常波动是指生产条件发生重大变化所引起的波动。这类波动出现则说明生产过程处于失控状态，会使产品质量受到影响。造成异常波动的因素称为系统性因素，如机器故障、原材料不符合质量要求、刀具严重磨损、工艺方法错误、操作者违反工艺规程、量具失准等。这类因素不多，容易识别和检查，也易于消除。由于它们对产品质量影响较大，一旦发现就应立即采取措施进行控制。

2）规律性。当生产过程处于稳定、正常状态时，其质量数据的波动是有一定规律性的。根据质量波动的规律性，就能对生产过程及产品质量进行判断。这种规律性反映了质量数据的分布状态，不同的质量数据有不同的分布规律。质量管理中最基本、最重要的分布规律是正态分布规律。在工业生产中，大量的计量值数据都服从这种规律。正态分布曲线如图 2-3 所示。

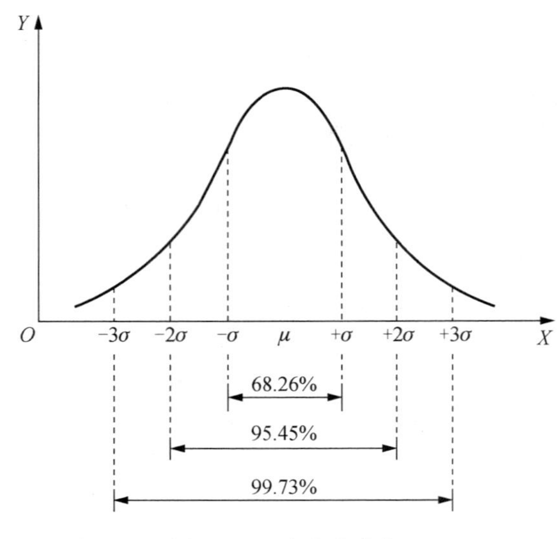

图 2-3　正态分布曲线

① 4M1E 指 Man（人）、Machine（机器）、Material（材料）、Method（方法）、Environment（环境）。

从正态分布的特点可知，X 值在 $\mu\pm3\sigma$ 范围以外出现的概率是极小的，只有 0.27%。这就是说，如果我们把 $\mu\pm3\sigma$ 区间作为正态总体的分布范围，则从总体中抽取 1000 个样品时，大约有 997 个样品质量特性值落在 $\mu\pm3\sigma$ 范围之中，有 3 个左右落在该范围之外。运用这种理论进行质量控制，只有 0.3%质量问题的可能性，通常称之为“四分之三法则”。

2.3.2　质量管理中常用的统计方法

质量管理中常用的统计方法有直方图法、控制图法、分层法、排列图法、因果分析图法、相关图法、统计分析表法等，通常称它们为质量管理的“老七种工具”。

1. 直方图法

直方图又称为质量分布图，直方图法是一种将质量频数分布状态用直方形表示，并用以寻找质量分布规律，判断和预测生产过程质量状态的方法。通过直方图，可判断一批产品的质量，验证工序的稳定性，为测定工序能力收集有关资料。

（1）直方图的作法

例 2-1　某厂加工的螺栓外径为 $\phi8_{-0.10}^{-0.05}$ mm，现根据随机抽样测量的数据，作出直方图。步骤如下。

1）收集数据。数据的收集以 50～200 个为宜。本例测得的 100 个数据如表 2-1 所示。

表 2-1　螺栓外径 $\phi8_{-0.10}^{-0.05}$ mm 加工实测数据表　　（单位：mm）

实测数据									
7.938	7.930	7.918	7.925	7.923	7.930	7.920	7.929	7.922	7.925
7.930	7.925	7.913	7.925	7.927	7.920	7.925	7.928	7.918	7.938
7.938	7.930	7.925	7.925	7.927	7.924	7.930	7.930	7.922	7.922
7.914	7.930	7.926	7.925	7.927	7.925	7.926	7.935	7.925	7.915
7.924	7.925	7.928	7.927	7.923	7.929	7.923	7.930	7.925	7.918
7.929	7.918	7.924	7.920	7.922	7.922	7.920	7.938	7.920	7.927
7.928	7.920	7.922	7.922	7.923	7.925	7.929	7.925	7.927	7.935
7.920	7.918	7.923	7.927	7.929	7.930	7.930	7.924	7.922	7.931
7.918	7.928	7.915	7.923	7.931	7.926	7.925	7.930	7.930	7.922
7.920	7.928	7.919	7.925	7.922	7.918	7.922	7.935	7.930	7.922

2）确定数据中的极值与极差。在表 2-1 中，最大值为 7.938，最小值为 7.913。极差 R（最大值与最小值之差）为 0.025（7.938−7.913）。

3）确定组数与组距。组数 K 可按表 2-2 确定。本例取 K=10。组距 h 取决于极差 R，计算如下：

$$h = R / K = 0.025 / 10 \approx 0.003$$

为计算方便，组距应取测量单位的整倍数。

表 2-2　确定组数经验数值表

数据数 n	分组数 K
50～100	6～10
100～250	7～12
250 以上	10～20

4）确定各组的组界。一般，第一组的上、下界限值= $X_{min} \pm h/2$，即第一组的下界为

$$X_{min} - h/2 = 7.913 - 0.003/2 = 7.9115 \text{（mm）}$$

第一组的上界为

$$X_{min} + h/2 = 7.913 + 0.003/2 = 7.9145 \text{（mm）}$$

第二组下界等于第一组上界，第二组的上界等于其下界加上组距，其余依此类推，即第二组组界为 7.9145～7.9175，第三组组界为 7.9175～7.9205……

5）将样本的数据填入相应的组内，作出直方图（见图 2-4）。

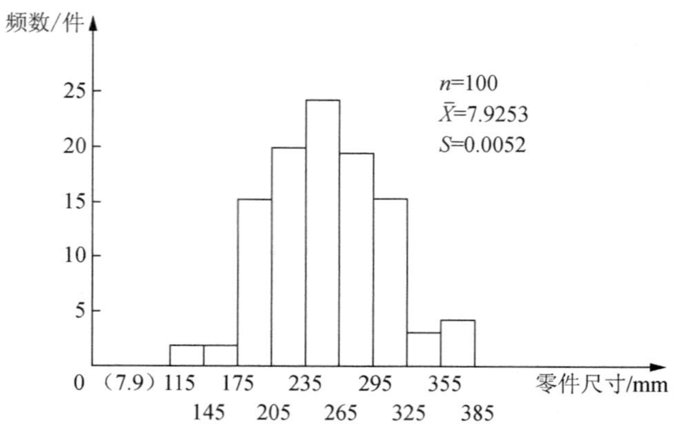

图 2-4　直方图

（2）直方图的观察分析

1）观察直方图的形状，看其分布状态。几种常见直方图形状如图 2-5 所示。正常直方图为中间高、两边低、左右对称形状。异常的直方图一般有以下几种：①锯齿形，多由于分组不当、测量误差造成；②孤岛形，由于加工条件发生突变（如不熟练的工人顶班等）造成；③偏向形，一般由加工习惯造成；④双峰形，往往是把来自两个总体的数据混在一起所引起的；⑤平顶形，一般是生产过程中受某种缓慢变化的因素影响而造成的，如刀具磨损、操作者疲劳。

2）将直方图与公差进行比较，看其工序质量状况。直方图的分布范围与公差范围相对应，一般有图 2-6 所示的几种情况：①直方图的分布中心与公差中心基本重合，且两边留有一定余地，这种分布较为理想[见图 2-6（a）]；②直方图的分布范围 B 虽在公差范围之内，但偏向一边，此时产生废品的可能性较大，须采取措施移动分布中心[见图 2-6（b）]；③直方图的分布虽在公差范围 T 内，但完全没有余地，很容易超差，应设法提高加工精度，

缩小分布范围[见图 2-6（c）]；④直方图分布范围大大小于公差范围，产生过大的剩余精度，此时应考虑经济性，可改变加工精度或缩小公差[见图 2-6（d）]；⑤直方图分布中心过分偏离公差中心，造成超差[见图 2-6（e）]；⑥直方图分布范围超出公差界限，已出现一定数量的废品，应采取措施缩小波动[见图 2-6（f）]。

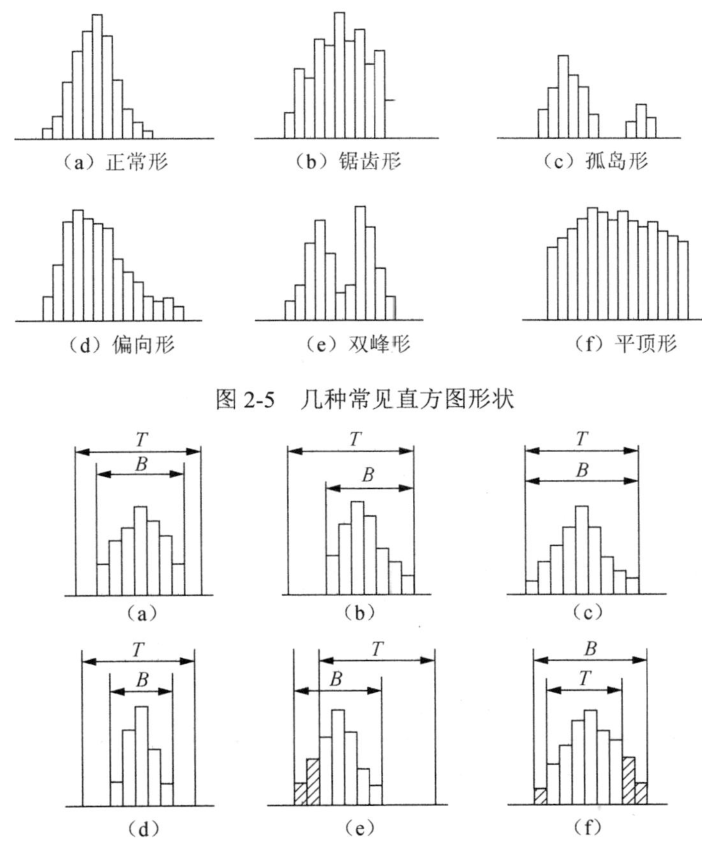

图 2-5　几种常见直方图形状

图 2-6　直方图分布范围与公差范围

T—公差范围；B—分布范围

（3）工序能力指数

通过直方图与公差的比较，可粗略了解工序质量状况。若要精确掌握工序质量，还需计算工序能力指数。工序能力是指工序处于稳定状态时的实际加工能力，表现为质量特性值的分布范围，记为 B，通常用标准偏差的 6 倍做定量描述，即 $B=6\sigma$。在工序处于稳定状态时，可用样本的标准偏差 S 来代替。工序能力指数是产品技术要求（公差范围）与工序能力的比值。

它表明了工序能力对工序质量要求的保证程度，是衡量工序质量的综合性指标，通常用 C_P 表示。当质量数据的分布中心（ $\overline{X}$ ）与公差中心（M）重合时，C_P 的计算如下：

$$C_P = \frac{T}{B} = \frac{T}{6\sigma} \tag{2-1}$$

在实际中，质量特征值的分布中心与公差中心并不一定都重合（见图 2-7）。当产生偏移时，应首先设法进行调整，使其重合。若调整有困难或无必要，则应对 C_P 值进行修正。

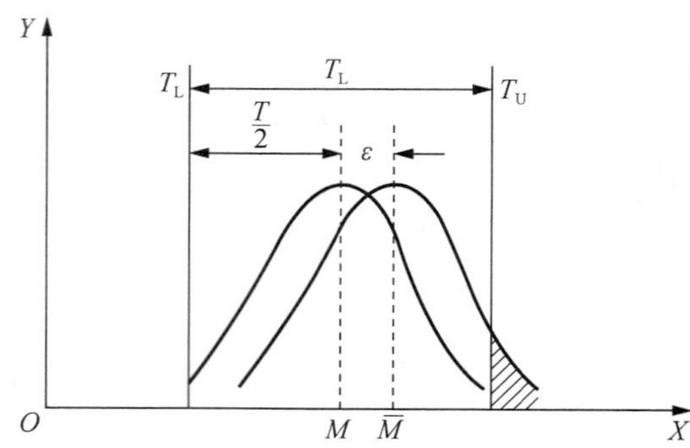

图 2-7　分布中心与公差中心偏移时的曲线分布

修正方法如下：

$$C_{PK} = \frac{T - 2\varepsilon}{6\sigma}$$

式中，C_{PK} ——修正后的工序能力指数；

ε ——分布中心与公差中心的绝对偏移量。

计算出工序能力指数后，便可据此对工序能力进行判断。工序能力判断标准如表 2-3 所示。

表 2-3　工序能力判断标准

C_P（或 C_{PK}）值	加工级别	工序能力判断	不合格率 P/%	处置措施
C_P>1.67	特级	过高	<0.00006	缩小公差范围或放宽波动幅度；降低设备精度等级，以降低成本；简化检验
1.67≥C_P>1.33	一级	充足	0.00006～0.006	若不是关键工序，可放宽波动幅度；放宽检验，减少抽样检验次数
1.33≥C_P>1.00	二级	尚可	0.006～0.27	用控制图或其他方法对工序进行严格管理；对产品进行抽样检验
1.00≥C_P>0.67	三级	不足	0.27～4.55	分析离散程度大的原因，采取措施加以改进，在不影响产品质量的情况下，放宽公差范围，加强质量检验，必要时进行全数检验
C_P≤0.67	四级	严重不足	≥4.55	停止生产，查明原因，采取措施提高工序能力，对产品进行全数检验

2. 控制图法

控制图又称管理图，是根据数理统计原理分析和判断工序是否处于稳定状态，并带有控制界限的一种质量管理图。这种图可以反映质量特性值随时间而发生的波动状况，从而对生产过程进行分析、监督、控制。

（1）控制图的作用

控制图的基本格式如图 2-8 所示，其主要作用如下：①分析、判断生产过程是否处于稳定状态，从而对工序进行动态控制；②及时发现生产过程中的异常波动，及时采取措施，防止不合格品产生；③为确定设备和工艺装备的实际能力提供依据；④为评定产品质量提供依据。

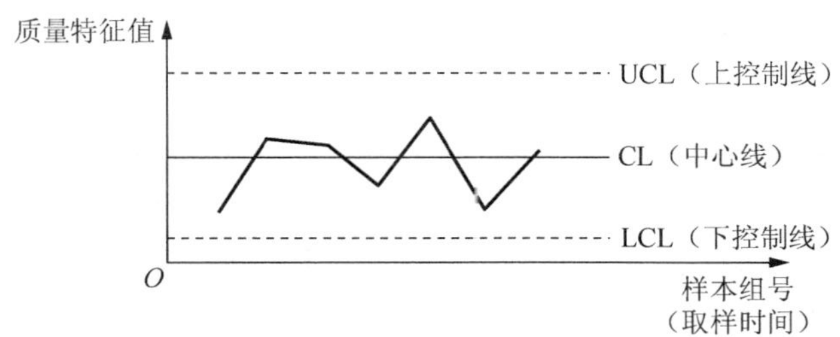

图 2-8　控制图的基本格式

（2）控制图的基本原理

怎样区分正常波动和异常波动呢？我们知道，在生产过程处于正常状态时，产品质量特性值的分布是服从正态分布的，即 99.73%的数据应落在$\mu \pm 3\sigma$范围内。如果实际的质量分布超出这个范围，则说明生产过程不正常，有异常因素起作用。控制图法就是根据质量波动的这一规律性来控制生产过程的。在控制图上，一般以正态总体的平均值为中心作出中心线，取$\pm 3\sigma$作为上控制界限、下控制界限的范围。这样，通过作控制图对生产过程进行观察，一旦有异常波动出现，就可及时采取相应措施，消除异常因素。

（3）控制图的作法

控制图的种类很多，一般分为计量值控制图和计数值控制图两大类。$\overline{X}-R$ 控制图是最常用的一种计量值控制图。它由样本的平均数（$\overline{X}$）控制图和样本的极差（R）控制图两部分组成。

例 2-2　某铸造车间对某铸件的质量进行控制，为此绘制$\overline{X}-R$ 控制图，其步骤如下。

1）收集数据。确定被控制的质量特性为质量，并按时间顺序间隔随机抽样收集的数据填入数据表中，如表 2-4 所示。

表 2-4　铸件质量数据表　　（单位：kg）

观测值 \ 抽样时间 / 样本号	6 点 x_1	10 点 x_2	14 点 x_3	18 点 x_4	22 点 x_5	$\overline{X_i}$	$\overline{R_i}$
1	14.0	12.6	13.2	13.1	12.1	13.00	1.9
2	13.2	13.3	12.7	13.4	12.1	12.90	1.1
3	13.5	12.8	13.0	12.8	12.4	12.94	1.3
4	13.9	12.1	13.3	13.1	13.2	13.18	1.5
5	13.0	13.0	12.1	12.2	13.3	12.72	1.2
6	13.7	12.0	12.5	12.4	12.4	12.60	1.7

续表

样本号 \ 观测值 \ 抽样时间	6点	10点	14点	18点	22点	$\overline{X}_i$	$\overline{R}_i$
	x_1	x_2	x_3	x_4	x_5		
7	13.9	12.1	12.7	13.4	13.0	13.02	1.8
8	13.4	13.6	13.0	12.4	13.5	13.18	1.2
9	14.4	12.4	12.2	12.4	12.5	12.78	2.2
10	13.3	12.4	12.6	12.9	12.8	12.80	0.9
11	13.3	12.8	13.0	13.0	13.1	13.04	0.5
12	13.6	12.5	13.3	13.5	12.8	13.14	1.1
13	13.4	13.3	12.0	13.0	13.1	12.96	1.4
14	13.9	13.1	13.5	12.6	12.8	13.18	1.3
15	14.2	12.7	12.9	12.3	12.5	13.04	1.7
16	13.6	12.6	12.4	12.5	12.2	12.66	1.4
17	14.0	13.2	12.4	12.0	13.0	13.12	1.6
18	13.1	12.9	13.5	12.3	12.8	12.92	1.2
19	14.6	13.7	13.4	12.2	12.5	13.28	2.4
20	13.9	13.0	13.0	13.2	12.6	13.14	1.3

2）计算各组平均数$\overline{X}_i$和极差R_i，即

$$\overline{X}_i = \frac{\sum X_i}{n}$$

$$R_i = X_{\max} - X_{\min}$$

式中，n——样本容量（每个样本中的数量）。

3）计算总平均数$\overline{X}$和平均差$\overline{R}$，即

$$\overline{X} = \frac{\sum \overline{X}_i}{K} = \frac{259.6}{20} = 12.98$$

$$\overline{R} = \frac{\sum \overline{R}_i}{K} = \frac{28.7}{20} \approx 1.44$$

式中，K——样本数（组数）。

4）计算中心线及上控制界限、下控制界限。

X_i图：

$$CL = \overline{X} = 12.98$$

$$UCL = \overline{X} + A_2\overline{R} = 12.98 + 0.577 \times 1.44 \approx 13.81$$

$$LCL = \overline{X} - A_2\overline{R} = 12.98 - 0.577 \times 1.44 \approx 12.15$$

R图：

$$CL = \overline{R} = 1.44$$

$$UCL = D_4\overline{R} = 2.114 \times 1.44 \approx 3.05$$

$$LCL = D_3\overline{R} = \text{——}，（无意义）$$

式中，A_2、D_3、D_4都是系数，其数值随n的变化而不同，可从表2-5中查得。

表 2-5　控制图用系数表

系数 \ n	2	3	4	5	6	7	8	9	10
A_2	1.880	1.023	0.729	0.577	0.483	0.419	0.373	0.337	0.308
D_3	—	—	—	—	—	0.076	0.136	0.184	0.223
D_4	3.267	2.575	2.282	2.114	2.004	1.924	1.864	1.816	1.777

5）画控制图。图 2-9 是铸件质量 $\overline{X}-R$ 图。

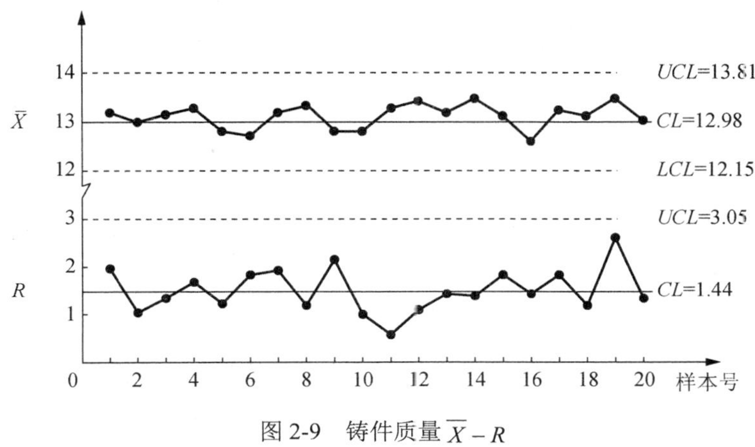

图 2-9　铸件质量 $\overline{X}-R$

（4）控制图的观察分析

一般来说，当生产过程处于受控状态时，控制图中的点随机地分布在中心线两侧。因此，当控制图同时满足以下两个条件时，可判定生产过程处于控制状态：①点没有跳出控制界限；②点在控制界限内排列无缺陷，即为随机排列。

若点越出控制界限或排列有缺陷，则应判断生产过程处于非控制状态。点排列有缺陷的情况有以下几种：①点在中心线一侧连续出现 7 次以上；②连续 7 个以上的点上升或下降；③点在中心线一侧多次出现，即连续 11 个点中至少有 10 个点、连续 14 个点中至少有 12 个点、连续 17 个点中至少有 14 个点在中心线一侧；④点频频接近控制界限（在 $\pm 2\sigma$ 线以外出现），即连续 3 个点中有 2 个点以上、连续 7 个点中有 3 个点以上、连续 10 个点中有 4 个点以上接近控制界限；⑤点呈现周期性变动。

3. 其他统计方法

（1）分层法

分层法是将收集的数据按照不同的目的加以分类，并进行加工整理和分析影响质量原因的方法。它可使杂乱的数据和错综复杂的因素系统化、条理化，从而找出主要问题和解决办法。分层可按不同的标志进行，通常有以下几种：按操作者的年龄、技术等标志分，按材料的产地、制造厂、成分、尺寸、批量、型号等标志分，按设备的日期、班次等标志分。另外还可按操作方法、环境、工序、测量方法等标志分层。分层法常与质量管理其他方法结合使用，经过分层整理的数据，再利用其他方法整理成图表，更便于进行质量分析。

（2）排列图法

排列图法又称为主次因素分析图法，是找出影响产品质量主要因素的一种有效方法。它是把影响产品质量的因素或项目按其对质量影响程度大小的顺序排列起来，并算出累计频率，从而找出影响质量的主要因素。通常，可将累计频率分为3类：0～80%为A类，相对应的因素是影响产品质量的主要因素；80%～90%为B类，相对应的因素是影响产品质量的次要因素；90%～100%为C类，相对应的因素是影响产品质量的一般因素。

例2-3 某轧钢厂生产的ϕ10mm无缝钢管不合格数为120根，其分类频数统计情况以及累计频率统计如表2-6所示。根据该资料画出的排列图如图2-10所示。该例中影响质量的主要问题是“壁厚不均”和“裂纹”两项。

表2-6 无缝钢管不合格统计表

原因	频数/件	频率/%	累计频率/%
壁厚不均	75	62.5	62.5
裂纹	22	18.3	80.8
伤痕	12	10.0	90.8
飞边	6	5.0	95.8
其他	5	4.2	100.0
总计	120	100.0	

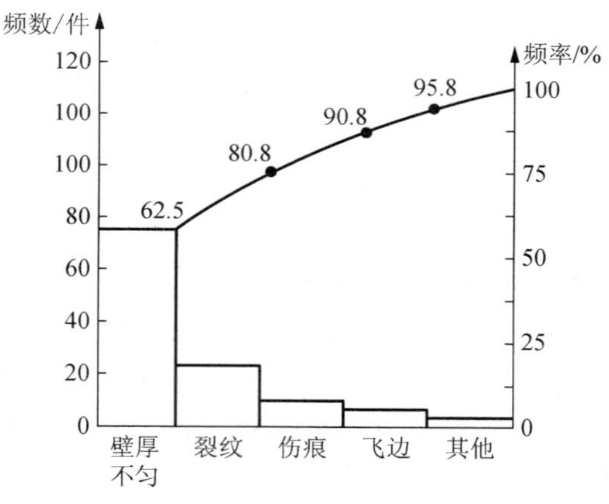

图2-10 排列图

（3）因果分析图法

因果分析图法又称为特性因素图法、鱼刺图法或树枝图法，是用来分析产生质量问题的具体原因的一种方法。用排列图可找到影响质量的主要问题，而要解决这些问题，还需把产生问题的原因找到。因果分析图法就是从某一质量问题这一结果出发，寻找产生这个结果的大原因（一般从4M1E入手），再从中找出中原因，然后又从中原因中找出小原因，进而从小原因中找出更小原因，如此步步深入，直至能采取措施解决质量问题为止。因果分析图如图 2-11 所示。在运用因果分析图法时，一般应把与某一质量问题有关的人员组织起来，采用分析讨论会的方式，让大家畅所欲言，集思广益，找出影响质量的原因，再系统地分析出它们的因果关系。

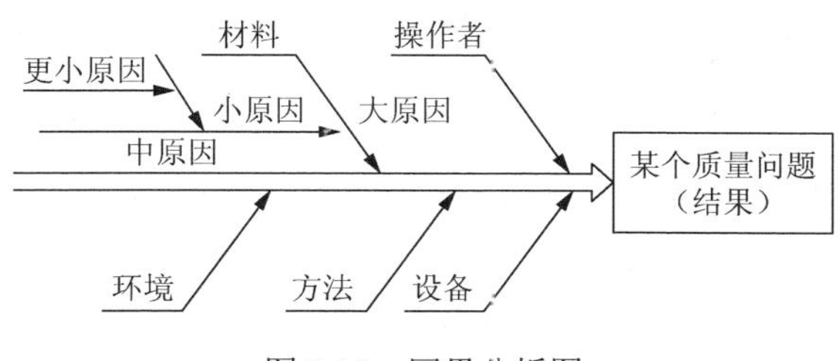

图 2-11　因果分析图

（4）相关图法

相关图又称为散布图，是分析研究两个变量之间相关关系的一种图。在产品质量和影响质量的因素之间，常常有一定的依存关系，这种关系有的是确定的函数关系，有的是不确定的关系，如淬火温度与工件硬度、照明度与测量误差等，它们之间的关系不能用函数式表达，但又确实存在着一种数量上的依存关系。这种关系称为相关关系。相关图就是反映和分析这种相关关系的工具。在质量管理中运用这种方法，可帮助我们判断各种因素对产品质量有无影响及影响程度，以便对产品或工序进行有效控制。相关图一般有图 2-12 所示的 6 种典型形式。

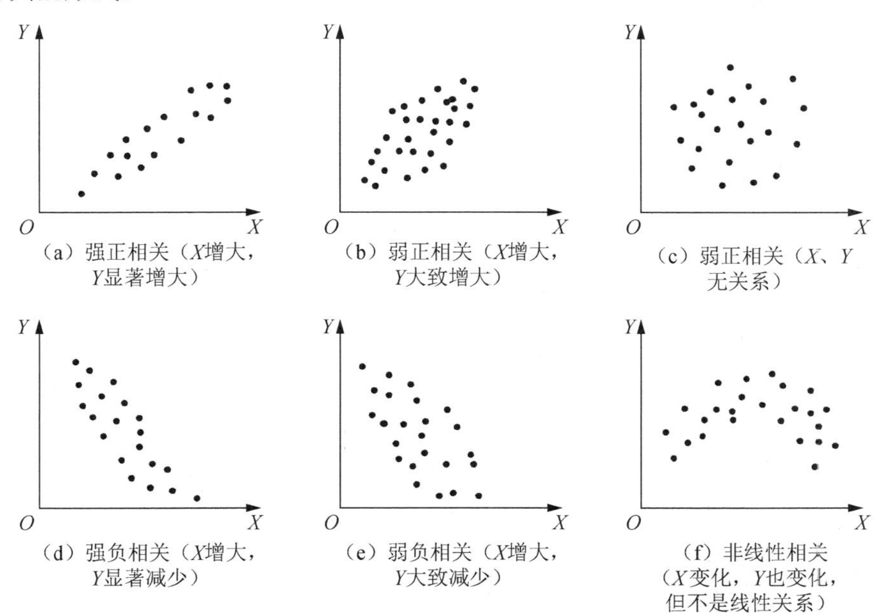

图 2-12　典型形式的相关图

（5）统计分析表法

统计分析表是用来统计分析质量问题的各种统计报表。通过这些统计表，可以进行数据的收集、整理并粗略分析影响质量的原因。统计分析表往往与分层法同时使用，这样可以使影响质量的原因分析得更加清楚。

案例　海尔集团的质量管理

海尔集团是世界白色家电第一品牌，1984 年创立于中国青岛。目前，海尔集团在全球建立了 21 个工业园，24 个制造工厂，10 个综合研发中心，19 个海外贸易公司，全球员工超过 7 万人。2010 年，海尔集团的全球营业额实现 1357 亿元，品牌价值 855 亿元，连续 9 年蝉联中国最有价值品牌榜首。那么，海尔集团成功崛起的主要原因是什么？答案是肯定的，那就是完善的质量管理。

在 2006 年 4 月的一次发言中，海尔集团首席执行官张瑞敏提出："在海尔，对质量的要求已经从满足标准转变为满足不同消费者的需求。"例如，针对印度经常停电的现象，海尔设计出了停电 100 小时也不会化冻的冰箱；在巴基斯坦，针对一个家庭平均 12 口人，与巴基斯坦男士穿大袍子的情况，海尔设计了可以一性洗 32 件大袍子的洗衣机。

张德华是海尔六西格玛推进部的负责人。他告诉《电器》记者，海尔的六西格玛管理办法是从国际化大公司借鉴来的，自 2005 年 6 月起开始推进，首先在洗衣机产品上进行试点。2007 年 1 月，六西格玛质量管理办法开始在全海尔集团推进展开，现在已经形成了自己的独特内涵。

张德华介绍，六西格玛质量管理办法是运用统计数据测量产品的质量情况，看其接近质量目标的程度，通过减少和消除缺陷来降低成本，提高顾客满意度。西格玛代表标准差，它前面的数字代表达到的等级。具体来说，六个西格玛代表 99.9997%的产品达到了要求，它意味着每 100 万件产品中只有 3.4 件次品。可以说达到六个西格玛是一种完美状态，但是，海尔认为，六西格玛不是一个事后的统计工具，要想让六西格玛变得有意义，就必须让六西格玛成为每个人手中的武器。例如，某一个工序要想达到六西格玛的要求，需要控制的绝不仅是这一个工序工人的素质、原材料的质量等都需要用六西格玛来管理，而且要从这个工序推进到其他所有工序，进而推进到企业的整个体系。

从 1990 年开始，海尔先后通过 ISO 9001 国际质量保证体系认证和美国 UL、德国 GS 等一系列产品安全认证，在 102 个国家、地区注册商标 406 个。海尔冷柜在 1996 年 10 月同行业率先通过了由世界著名认证机构 DNV 组织的 ISO 9001 国际认证，取得了通向国际市场的通行证，成为世界的合格供应商。海尔集团产品的信誉已蜚声海内外，号称"家电王国"的日本市场也已经注意到了海尔集团的产品，海尔集团实现了系列家电产品出口 1/3 的目标。海尔产品的"零缺陷"质量已经得到并将继续得到国际市场的验证。

如果说六西格玛质量管理办法是针对已经批量生产的成熟产品的话，那么可靠性管理就是针对新产品质量的管理办法。海尔集团质量监测事业部可靠性项目经理董云林告诉《电器》记者，要保证产品的可靠性，就必须保证将设计、原材料、生产等环节影响产品质量可靠性的隐患彻底消除。

“首先是设计环节，开发做不好，质量好不了。”李华强这样告诉记者，“我们设计环节的可靠性并不是只靠实验室来检测的，我们有一个完整有效的系统在运转。”

海尔集团于2005年重点推进产品可靠性管理，并从国际著名企业请来了这方面的专家进行指导，已有9大类产品建立了企业可靠性标准，具备了2000多个台位的产品可靠性测试能力。2006年，海尔集团开始推进产品生命周期管理（Product Life-cycle Management，PLM）流程，将每种新品从设计到生产过程中发现的质量隐患纳入故障报告、分析及纠正措施系统（Failure Report Analysis and Corrective Action System，FRACAS），改进措施的有效性通过设计、质量、生产等部门组成的专家组进行评价，保证消除质量隐患，不断提高产品质量的可靠性。张瑞敏就曾强调：“产品的可靠性靠的是整个体系。一个产品从设计开始，设计过程有没有问题，设计之后采购的原材料有没有问题，原材料在生产过程中有没有问题，都是影响整个体系是否可靠的因素。”

下面以海尔洗衣机的生产为例，从采购、生产、监测3个方面去领略海尔的品质是怎样炼成的。

1．采购

海尔集团采取集中采购的方式来保证原材料的质量，具体的作法大致有3步：第一步，海尔集团在自己的工厂周围为供应商建立起工业园区；第二步，海尔集团邀请有实力的供应商进入到工业园区内，与供应商建立长期的战略合作伙伴关系，让这些供应商专门为自己生产原材料；第三步，为保证供应商提供原材料的质量，海尔设立了质量检测公司，对供应商的生产进行认证，质量检测公司还经常向供应商派出工程师，到供应商的生产车间内对供应商的生产过程进行监测。这样就能够保证海尔集团所采购原材料的质量。

通过这样的采购方式，海尔集团严格保证了原材料的质量，确保采购的产品符合规定的采购要求。

2．生产

在生产环节，海尔集团以精益生产的理念保证生产质量。在精益生产的理念中，实现产品的零不良是一个重要的追求目标。为了实现产品的零不良，海尔集团重点把握那些容易出现质量问题的生产环节。为了能够找到认真积极负责的人专门把握这些环节，海尔集团在车间内以招标的方式，挑选员工。为了激励员工，海尔集团根据该员工在工作岗位上的完成效果的情况给予物质奖励。这样，调动了全体员工提高产品质量的积极性，有利于持续改善产品质量，保证产品质量的实现。

3．监测

在海尔集团每一条生产流水线的最终端，都有一个监测员。这个监测员的职责就是检查上一工序的生产质量。如果这位监测员检查出上一工序存在缺陷，就会把缺陷记录下来。这份记录将成为造成这个质量问题的员工承担质量责任的根据，在这个环节，只有质量合格的产品才能被顺利放行至下一阶段。这就是海尔的监测机制。正是这样对每个环节进行严格的监测，海尔集团实现了对生产过程的监测，以保证产品的质量。

思考与练习

1. 什么是质量？如何全面理解质量的含义？
2. 什么是全面质量管理？它有何特点？
3. 全面质量管理的内容是什么？
4. 什么是质量管理体系？企业建立质量管理体系有何意义？
5. 什么是质量认证？产品质量认证和质量管理体系认证有何联系？
6. 简析质量数据的波动性，并分析其产生的原因。
7. 质量管理中常用的统计方法有哪几种？试分别说明其要点和用途。
8. 如何观察分析直方图？
9. 简述控制图的基本原理，并说明观察分析的方法。
10. 已知某零件工艺要求为$\phi 20_{+0.01}^{+0.04}$ mm，现由一批零件测得$\overline{X}$及S，求工序能力指数，并判断工序能力如何。

（1）$\overline{X}=20.025$，$S=0.0038$；（2）$\overline{X}=20.015$，$S=0.0038$。

3 单元 质量控制

◎ **单元导读**

自从20世纪早期出现“质量控制”这一质量术语以来，在很长的一段时间里，世界各国对其有多种理解和认识。目前，质量管理界比较公认的定义：质量控制是质量管理的一部分，致力于满足质量要求的活动。为了满足质量要求，需要监视质量形成过程及其相关质量体系要素，发现和消除引起不合格或不满意效果的因素。在企业领域，质量控制活动主要是企业内部的生产现场管理，它与是否有合同无关，是指为达到和保持质量而进行控制的技术措施和管理措施方面的活动。

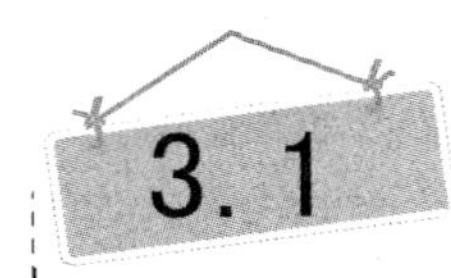

3.1 质量控制概述

3.1.1 质量控制与质量控制点

在质量管理活动中，我们将那些需要重点控制的对象或实体称为质量控制点。一般来说，凡属下列情况的都应设定为质量控制点：对产品的适用性（性能、精度、寿命、可靠性、安全性等）有严重影响的关键特性、关键部件或重要影响因素；工艺上有严格要求，对后续过程有严重影响的关键质量特性、部件；由于质量过程不稳定，出现不合格的项目；用户反馈的重要不良项目；紧缺物资可能对生产安排产生重大影响的关键项目等。

设置质量控制点时应该注意以下几点：一是尽量要定量表达控制点的质量特性；二是要明确控制点的责任单位；三是要以产品的质量特性或过程的质量特性为控制对象；四是有计划、有目的地设置控制点；五是设置控制点要突出重点管理的原则，一般来说，应当首先在主导产品、创优产品、出口产品、量大面广的产品上建立控制点。就一个重点产品来说，应首先对其关键零件，选择其关键过程的关键质量特性进行重点控制。

在设定质量控制点时，一般分为如下 6 个步骤：①结合有关质量体系文件，按质量环节明确关键环节和部位需要特殊的质量特性和主导因素；②由设计、工艺和技术等部门确定本部门所负责的必须特殊管理的质量控制点，编制质量控制点名细表，并经批准后纳入质量体系文件中；③编制质量控制点流程图，并以此为依据设置质量控制点；④编制质量控制点作业指导书，包括工艺操作卡、自检表和操作指导书；⑤编制质量控制点管理办法；⑥正式纳入质量体系控制点，所编制的文件都要和质量体系文件相结合，并经过批准正式纳入质量体系中进行有效运转。

3.1.2 质量控制的一般过程

质量控制的关键是使所有质量过程和活动始终处于完全受控状态。事先应对受控状态进行安排，并在实施中进行监视和测量，一旦发现问题应及时采取相应措施，恢复受控状态，把过程输出的波动控制在允许的范围内。质量控制的基础是过程控制。无论是制造过程还是管理过程，都需要严格按照程序和规范进行。控制好每个过程特别是关键过程，是达到质量要求的保障。

质量控制通常包括如下 6 个主要环节：

1）制定质量控制操作规程。根据国家、地方和行业的质量标准和规定，结合本企业的实际情况，编制《质量控制操作规程》，报送主管领导审核、审批后下发各部门，各部门组织学习并且贯彻实施。质量控制操作规范的具体内容包括（但是并不局限于）：质量控制的组织管理及各部门质量控制人员职责、质量控制的实施流程及具体操作规范、质量工作各环节的质量目标与标准、质量控制的相关制度。

2）编制《质量控制计划》。编制《质量控制计划》作为企业质量控制工作方案及具体的实施依据。《质量控制计划》应包括的内容有以下几个方面：企业的质量控制目标、质量控制活动的职责和权限、质量控制工作过程中需采取的质量保证措施、出现问题的解决程序等。

3）巡视与质量评估。在企业的运作过程中，各部门质量控制人员按照《质量控制操作规程》的规定对本部门各项工作实施监督与质量控制，确保各环节按照质量标准执行。各部门质量控制人员定期将《质量控制工作报告》以电子邮件的形式上交质量管理部质量控制主管，及时反馈质量管理状态、存在的质量问题等。质量管理部在各部门质量控制人员的配合下，定期进行现场质量巡视，并对企业质量控制的重要环节和关键环节的质量状况进行评审。质量评审的组织形式可采用会议或会签的方式进行，评审的具体内容参照各相关过程的程序文件执行。评审记录可以以《评审报告》或《会议纪要》的形式体现。

4）质量问题分析。各部门在质量管理过程中，随时将出现的质量问题反馈给质量管理部或相关部门，质量管理部就评审中的质量问题进行讨论和分析。

5）提出问题解决方案。经判断，若属于常规问题，由相关部门按照以前的处理方案进行处理。如果出现的问题不属于常规问题，则质量管理部组织相关部门讨论问题的解决方案，直到最终文案的确定与下发实施。

6）质量控制信息汇总存档。质量控制过程中产生的相关资料、文件等由质量管理部收集、存档，为今后企业质量控制活动提供有效的信息，以便高效率地开展质量控制工作。

3.1.3 质量控制的主要内容

不同组织由于组织目标、质量方针和质量目标等方面各不相同，其质量管理体系、质量形成过程和产品也不尽相同，这使得它们的质量控制内容也各有侧重。尽管存在上述差异，但是对于任何组织而言，质量控制的内容主要可以从产品、过程和质量管理体系要素的角度加以区分。

产品是过程的结果，通常可以分为服务、软件、硬件、流程性材料等产品类别。不同类型的产品由于属性和表现形式不同，其质量控制内容也存在明显差异。服务和软件通常都是无形的，其质量控制重点可以从顾客消费和使用这些产品的实际反馈结果中加以发现，尤其要重视顾客或组织内部成员提出的引起产品不合格或缺陷的关联过程和质量管理体系要素，通常可以通过增强生产或提供产品的规范、方法、程序和流程的适用性和执行力，来预防和纠正可能产生的产品质量问题。硬件和流程性材料通常是有形产品，其质量水平通常是可以通过相应的指标、方法和工具加以测量的，其质量控制重点是预防和纠正引起这些产品的特性值的不合格或缺陷。在现实生活中，组织提供的许多产品由不同类别的产品构成，服务、软件、硬件或流程性材料的区分取决于其主导成分。例如，外供产品“汽车”由硬件（如轮胎）、流程性材料（如燃料、冷却液）、软件（如发动机控制软件、驾驶员手册）和服务（如销售人员所做的操作说明）所组成。对于这种复合型的产品的质量控制，在确定质量控制重点内容时，通常可以按具体构成成分的性质和属性差异将其分解为子类产品，以系统的视角分类控制产品及其子类产品的质量水平。

过程是一组将输入转化为输出的相互关联或相互作用的活动，一个过程的输入通常是其他过程的输出。按过程的输出结果是否可以验证区分，过程一般可以分为两类，一类是输出结果是否合格能经济地进行验证的过程，可以称之为“普通过程”；另一类是输出结果是否合格不易或不能经济地进行验证的过程，通常称之为“特殊过程”。尽管组织为了增值通常对过程进行策划并使其在受控条件下运行，但是对上述两类过程进行控制时，其质量控制的侧重点是不同的。一般来说，对普通过程的质量控制可以重点关注相关技术和管理活动的规范性、可靠性、适应性和适宜性；对特殊过程的质量控制，则重点关注与这些过程相关的关键质量管理体系要素是否处于受控状态。总体而言，无论是哪种类型的过程，预防、发现、诊断和纠正组织的各类过程的异常波动并使其始终处于受控状态始终是组织的过程质量控制的核心工作。

质量管理体系要素主要包括组织质量的管理队伍、质量发展战略和质量计划、组织结构、组织资源等方面。其中，质量控制重点主要反映在如下几个方面：①组织各层次质量管理队伍的素质、能力和绩效水平；②质量发展战略和计划对实现组织总体战略和规划的支持力度，以及对具体质量活动的适用程度和指导作用；③组织的人力资源、财务资源、物料和设备资源、信息资源、设施资源、软环境条件、测试方法和计量工具等各类资源要素配置的合理性、有效性和效率。对于任何一个组织而言，质量管理队伍是组织的质量要素的集成者和调配者，选拔和任用合适的质量领域的领导队伍始终是确保质量管理体系要素资源有效运作的关键所在，预防和撤换能力、素质不合格的质量管理人员是组织质量控制工作顺利开展的前提和基础。

组织的产品、过程和质量管理体系要素之间不仅相互联系，而且具有内在的因果关系，组织在确定其质量控制工作内容时也需要坚持联系的观点和系统的观点。此外，从产品质量形成过程来看，组织质量控制主要涉及产品设计、产品生产、产品提供和售后服务等诸多环节，其核心工作内容在于及时发现和分析与上述环节相关的产品（包括中间产品）、过程和质量体系要素的异常波动，采取必要措施预防和纠正不合格与缺陷。

3.2 质量控制目标与标准

3.2.1 质量控制目标

质量控制目标是指受控对象需要达到的绩效水平。按目标的描述情况区分，质量控制目标可以分为定量质量控制目标和定性质量控制目标。定量质量控制目标通常是组织的定量质量目标具体化的结果，是指能够通过定量方法加以精确描述的质量控制的绩效指标，如产品的合格率、技术性能指标等。定性质量控制目标通常是组织的定性质量目标具体化的结果，是指通过文字方式加以定性描述的质量控制的绩效状态，如舒适、灵敏、操作方便等。有些定性的质量控制目标可以通过一定的方法和手段将其定量化，进而转化为定量的质量控制目标。质量控制目标，无论定量的还是定性的，其根本出发点都是为了更好地满足组织内外部顾客的需要和期望。质量控制目标一般可以细化为产品控制目标、过程控制目标、质量管理体系控制目标 3 类。

质量控制目标针对部门或个人，这些目标所衡量的绩效结果成为公司建立奖惩制度的依据。制定质量控制目标应该遵循如下原则：

1）正当性。它们应该具有不容置疑的正式地位，可以作为奖惩制度指定的依据。

2）可测性。目标应该是可以测量和评价的，这样有利于有效的沟通和控制。

3）可达性。目标应该是可以达到的或是有事实表明曾经有人达到过的。过高的目标会使员工失去士气，不利于企业文化的建设和绩效的提高。

4）公平性。对于职责相当的人员，目标应该是具有大致相同的可达性。

3.2.2 质量控制标准

1. 质量控制标准的分类

设定质量控制标准，为组织发现和纠正质量偏差提供了衡量标准，也为组织达到顾客的各种要求提供了客观依据。质量控制标准的表现形式多种多样，按照不同的依据进行划分，有不同的表现形式。按照业务内容进行划分，质量控制标准可以分为技术标准和管理标准。

（1）技术标准

技术标准是对技术活动中需要统一协调的事物制定的技术准则。技术标准又可分解为基础标准、产品标准和方法标准。基础标准是标准化工作的基础，是制定产品标准和其他标准的依据，常用的基础标准主要有通用科学技术语言标准、精度与互换性标准、结构要素标准、实现产品系列化和保证配套关系的标准、材料方面的标准等。产品标准是指针对产品质量和规格等方面所做的统一规定，是衡量产品质量的依据，一般包括产品的类型、品种和结构形式，产品的主要技术性能指标，产品的包装、储运、保管规则，产品的操作说明等。方法标准是指以提高工作效率和保证工作质量为目的，对生产经营活动中的主要工作程序、操作规则和方法所做的统一规定，主要包括检查和评定产品质量的方法标准、统一的作业程序标准和各种业务工作程序标准或要求等。

（2）管理标准

管理标准是指为了达到质量的目标，而对企业中重复出现的管理工作所规定的行动准则。它是企业组织和管理生产经营活动的依据和手段。管理标准一般包括以下 4 类：①生产经营工作标准，是对生产经营活动的具体工作的工作程序、办事守则、职责范围、控制方法等的具体规定；②管理业务标准，是对企业各管理部门的各种管理业务工作要求的具体规定；③技术管理标准，是为有效地进行技术管理活动、推动企业技术进步而必须遵守的准则；④经济管理标准，是指对企业的各种经济管理活动进行协调处理的各种工作准则或要求。

按照适用范围和领域划分，质量控制标准又可以分为国际标准、国家标准、行业标准（或部颁标准）和企业标准等。

1）国际标准是指国际标准化组织（ISO）、国际电工委员会（IEC），以及其他国际组织所制定的标准。

2）我国的国家标准是对需要在全国范围内统一的技术要求，由国务院标准化行政主管部门制定的标准。1988 年，我国将国际标准化组织在 1987 年发布的《质量管理和质量保证标准》等国际标准等效采用为我国国家标准，编号为 GB/T 10300 系列。它在编写格式、技术内容上与国际标准有较大的差别。从 1993 年 1 月 1 日起，我国实施等同采用 ISO 9000 系列标准，编号为 GB/T 19000 系列，其技术内容和编写方法与 ISO 9000 系列相同，使产品质量标准与国际共轨。目前，我国的国家标准是采用等同于现行的 ISO 9001：2008 标准，编号为 GB/T 19001—2008 系列。

3）行业标准又称为部颁标准，由国务院有关行政主管部门制定并报国务院标准行政主管部门备案，在公布国家标准之后，该项行业标准即行废止。当某些产品没有国家标准而又需要在全国某个行业范围内有统一的技术要求时，可以制定行业标准。

4）企业标准主要是针对没有国家标准和行业标准时的企业生产的产品，制定企业标准作为组织生产的依据。企业的产品标准须报当地政府标准化行政主管部门和有关行政主管部门备案。已有国家标准或者行业标准的，国家鼓励企业制定严于国家标准或者行业标准的企业标准，企业标准只在企业内部适用。

2. 质量控制标准的制定和完善

质量目标是质量方针在组织各层次的具体展开的结果，也是制定组织质量控制目标的基础。通常而言，质量控制标准是根据质量方针、质量目标和质量控制目标而制定的。质量控制标准的制定和完善一般包括如下几个主要环节。

（1）拟订质量控制标准草案

质量管理部成立质量控制标准编写小组，负责企业质量标准的编写工作。质量标准编写小组收集国内外、地方、行业等的相关质量标准与规定，并选取本企业的相关资料、文件、规定等。企业各相关部门提供有关部门质量管理的相关文件资料。编写小组根据收集汇总的资料文件，组织编写本企业质量标准文件，形成质量控制标准文件草案。

（2）形成质量控制标准文件

在质量控制标准文件草案编制完成后，编写小组根据有关领导的建议、意见及企业质量管理的实际情况，对草案进行补充完善，最终形成《质量控制标准文件》。《质量控制标准文件》的内容应包括（但不限于）以下项目：原材料质量控制、辅料质量标准、半成品质量标准、成品质量标准、包装材料质量控制、工艺质量标准、制造质量标准。

（3）下发执行质量控制标准文件

质量控制标准文件形成后，根据企业质量管理审批程序规定，上报质量管理部经理、主管副总经理、总经理等相关领导审核、审批。之后，质量管理部负责发送至各相关部门，企业实行标准化作业管理，以保证企业产品质量。

（4）质量控制标准修正与调整

在实施质量控制标准过程中，会遇到许多问题，如制定标准的人员对于目标认识不明确、标准不适合实际应用、标准设计的过高或者过低等，都会影响产品的质量、企业的绩效、员工的士气等。因此，质量控制修正与调整过程不可或缺。质量标准由质量管理部门审核之后，必须在各个相关部门实际应用，并且及时获得相关部门领导和员工的反馈，然后进行修正，以适应各个部门的工作流程。这是一个循环的过程，直到标准调整到最佳状态。

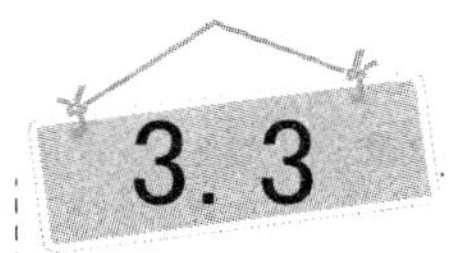

3.3 质量控制的常用方法

3.3.1 质量控制方法概述

质量控制方法是保证产品质量并使产品质量不断提高的一种质量管理方法。它通过研究、分析产品质量数据的分布，揭示质量差异的规律，找出影响质量差异的原因，采取技术组织措施消除或控制产生次品或不合格品的因素，使产品在生产的全过程中的每一个环节都能正常、理想地进行，最终使产品能够具备人们所需要的自然属性和特性，即产品的适用性、可靠性及经济性。目前常用的质量控制方法主要是日本在20世纪50～60年代开展质量管理活动中开发和总结出的工具和方法，统称“老七种方法”，以及新开发出来的“新七种方法”和其他方法。下文对常用的质量控制方法及其用途做简要阐述，这些方法的具体原理将在后续单元进行详细介绍。

1. 调查表法

调查表又称检查表、统计分析表等。调查表法是质量控制“老七种方法”中最简单也是使用得最多的方法。利用调查表可系统地收集资料、积累信息、确认事实并可对数据进行粗略的整理和分析。

2. 分层法

分层法又叫分类法，是分析影响质量（或其他问题）原因的方法。其方法是把收集来的数据按照不同的目的加以分类，把性质相同、在同一生产条件下收集的数据归在一起，这样可使数据反映的事实更明显、更突出，便于找出和解决问题。

3. 因果图法

因果图是用于考虑并表示已知结果与其所有可能原因之间关系的一种图形工具。各种原因可归纳为类别原因和子原因，形成类似鱼骨的图样，所以因果图也称为鱼骨图。因果图可用于分析、表达因果关系，是通过识别症状、分析原因、寻找解决问题的方法和措施。

4. 排列图法

排列图是根据所搜集的数据，按不良原因、不良状况、不良发生位置等不同区分标准，以寻求占最大比率的原因、状况或位置的一种图形。排列图又叫柏拉图。

5. 直方图法

直方图是频数直方图的简称，是用一系列宽度相等、高度不等的长方形表示数据的图。长方形的宽度表示数据范围的间隔，长方形的高度表示在给定间隔内的数据数。直方图的作用如下：①显示质量波动的状态；②直观地传递有关过程质量状况的信息；③便于掌握过程的状况。

6. 散布图法

分析质量事故时，人们总是希望能够找到造成质量事故的主要原因，但影响产品质量的因素往往很多，有时人们只需要分析具体两个因素之间到底存在着什么关系。这时可将与这两种因素有关的数据列出来，并用一系列点标在直角坐标系上，制作成图形，以观察两种因素之间的关系，这种图形就是散布图。

7. 控制图法

控制图又称管理图。控制图是对生产过程中产品质量状况进行实时控制的统计工具，是质量控制中最重要的方法。控制图的特点是引入了时间序列，通过观察样本点相关统计值是否在控制线内来判断过程是否受控，通过观察样本点排列是否随机从而及时发现异常。控制图在质量预防和过程控制能力方面大为改进。

8. 箭线图法

箭线图法又称矢线图法，是网络图在质量管理中的应用。箭线图法是制订某项质量工作的最佳日程计划和有效地进行进度管理的一种方法，效率高，特别适用于工序繁多、复杂、衔接紧密的一次性生产项目上。

9. 关联图法

关联图法是指用一系列的箭线来表示影响某一质量问题的各种因素之间的因果关系的连线图。关联图法是根据事物之间横向因果逻辑关系找出主要问题的最合适方法。

10. KJ 法

KJ 法针对某一问题广泛收集资料，按照资料近似程度、内在联系进行分类整理，抓住事物的本质，找出结论性的解决办法。这种方法是开拓思路、集中集体智慧的好办法，尤其针对未来和未知的问题可以进行不受限制的预见、构思，对质量管理方针计划的制订、新产品新工艺的开发决策和质量保证都有积极的意义。

11. 矩阵图法

矩阵图法就是从多维问题的事件中，找出成对的因素，排列成矩阵图，根据矩阵图来分析问题，确定关键点的方法，它是一种通过多因素综合思考，探索问题的好方法。在复杂的质量问题中，往往存在许多成对的质量因素，将这些成对因素找出来，分别排列成行和列，其交点就是其相互关联的程度，在此基础上再找出存在的问题及问题的形态，从而找到解决问题的思路。

12. 矩阵数据分析法

矩阵图上各元素间的关系如果能用数据定量化表示，就能更准确地整理和分析结果。在质量控制“新七种方法”中，矩阵数据分析法是唯一利用数据分析问题的方法，但其结果仍要以图形表示。

3.3.2 质量控制常用方法举例

近几十年来，由于现代的概念、方法和工具在质量控制中不断被正式采用，质量控制的有效性呈现出不断提高的趋势。下文以系统图法、质量成本控制法、质量问题追溯法和四检法为例，介绍质量控制中常用的方法与工具。

1. 系统图法

系统图法是指系统地分析、探求实现目标的最好手段的方法。在质量控制中，为了达到某种目的，就需要选择和考虑某一种手段；为了采取这一手段，又需考虑它下一级的相应的手段。这样，上一级手段就成为下一级手段的行动目的。如此首先，把要达到的目的和所需要的手段，按照系统来展开，按照顺序来分解，画出图形，就能对问题有一个全面的认识；然后，从图形中找出问题的重点，提出实现预定目的的最理想途径。系统图法是系统工程理论在质量管理中的一种具体运用。

系统图法主要用于以下几方面：①在新产品研制开发中，应用于设计方案的展开；②在质量保证活动中，应用于质量保证事项和工序质量分析事项的展开；③应用于目标、实施项目的展开；④应用于价值工程功能分析的展开；⑤结合因果分析图，使之进一步系统化。

系统图法的绘制程序主要有以下几步：

1）确定目的和目标。具体地提出研究对象所要达到的最终目的和目标，尽可能用数据和简练的语言，醒目地记在卡片上，同时写明“为什么要达到此目的和目标”，对于为实现目的和目标的条件和注意事项也要简要地注明，同时要根据更高一级的目的、目标来判定该目的、目标是否可行。

2）提出手段和措施。要通过头脑风暴法，集思广益，提出实现目的的各种手段。

3）评价手段和措施，决定取舍。对找出的手段、措施是否得当进行评价，并进行取舍选择，决定下一步应保留和淘汰的东西。评价中可用一些符号来表示评价的结果，如X代表不可行，O 表示可行等。

4）绘制系统图。绘制系统图是最重要的一环。具体做法是首先把程序“1”中确定的目的和目标置于图纸左端的中间，然后把目的和目标与必要的手段和措施之间的关系联系起来。在联系的过程中要仔细考虑各因素之间的逻辑关系，一般要提出如下几个问题反问一下：为了达到确定的目的和目标首先应采用什么手段？如果把这种手段和措施作为“目的”，那么为了达到“目的”还须进一步采用怎样的手段？实施这些手段或其中一部分是否真正达到高一级的“手段”或“目的”？

5）制订实施计划。根据对象制订实施计划，这时要使系统图中最低级的手段进一步具体化、精练化，并决定其实施内容、日程和承担的任务等事项。

2. 质量成本控制法

质量成本是指为提高产品质量而投入的企业资源。它是以质量标准为参照的一种投入，其投入以使产品质量指针上升为目的。在企业市场地位既定条件下，质量标准只能在一个额定的幅度内变动，过高或过低都将与企业既定的市场地位相背离。因此，在额定的幅度内，应是质量标准最高，而对应的质量成本最低，要达到这一目标，就必须对质量成本进行控制。

控制质量成本的主要方法：①根据企业市场地位的需要，确定企业“质量标准”摆动最大允许幅度并以此为根据确定“质量成本”的理论的正常波动范围，使所有管理者都认清楚降低质量成本有什么样的数据参考，从而有的放矢地去进行管理作业；②在企业管理能力与技术能力的范围内，分析研究企业在保证质量标准的基础上降低质量成本的可能性与主要途径，督促管理人员去积极实施；③广泛而积极地开展企业的创新活动，也可以降低质量成本作为专项开展的创新活动，既取得降低质量成本的可能条件，又增加了全员的质量意识。

3. 质量问题追溯法

质量问题追溯是指对与企业经营有关的一切可能发生或已经发生的质量问题，就其产生的原因、产生的地点与范围、解决的方法与途径、解决后还应注意的主要问题进行的探讨与实践。质量问题追溯法，是指追溯质量问题应采取的思维形式和行为方式，也就是如何才能有效地符合工作程序、符合成本原则，其解决的具体行为即为所“追溯”的标准行为，也就是方法。任何企业都或多或少地出现过质量问题、质量事故，如果不进行追查及寻找解决方法，以后就有可能出现类似的或更大的问题，最终给企业造成难以挽回的损失。

质量问题追溯法又可以分为如下 6 类常用的方法：

1）沿流上溯法。沿流上溯法是从质量问题产生的工段、工序、工种点或管理作业点沿既定作业流程的逆向上溯，逐个工种点、逐个工段、逐个作业点地盘查、清理，直到找到问题的发生源，并将清查过程的逐次影响因素记录在案，与发生源结合起来进行综合分析的一种方法。这是一种常规的、思路较清晰的，也是管理者容易接受的方法，缺点是工作量较大，管理成本较高。

2）顺流而下法。顺流而下法是依生产流程或管理流程顺序而下，逐个作业点进行盘查，直到查清楚全部问题为止的一种方法。

3）随机抽查法。对待较复杂的复合型作业流程可采用这种方法，其重要的原则之一就是随机样板要具有代表性，符合数理统计的随机性原则。

4）图上作业法。图上作业法是在全套流程图上根据质量问题的具体表现，如特征、性质、程度等估测可能发生问题的工序，根据估测资料针对性地对估测点进行检测的一种方法。

5）成品分析法。成品分析法是对出现的不合格成品进行产品解剖，分析质量问题是由何处造成、何处引起、何处结束，然后做出详细的分析记录，再根据解剖的结果在线进行修正作业的一种方法。

6）产品对比法。产品对比法是一种利用同行业优质产品进行质量对比的方法。

4. 四检法

四检法包括自检、互检、抽检、巡检4个方面的内容。

1）自检是指本人对自己作业工序上的产品按质量标准进行的检验，主要针对质量的外观检验，可凭借经验对某些专业技术要求不高的指标实行自检控制，以目视检验为主，以标定检验为辅。

2）互检是指相邻工序上的作业人员相互检验对方的产品，可用同类工种进行互检，作业人员不仅要掌握本工序的品质标准，而且要训练掌握相邻工序的品质标准。互检应在作业的同时进行，一般不设专门时间。

3）抽检是指质量管理人员不定时的随机性抽样检验，分定时抽检和不定时抽检、定量抽检和不定量抽检，或各种方法混合使用。抽检的范围一般为一个管理单位或工艺相似的部门。

4）巡检是指基层管理人员如班组长的随机性抽样检验，巡检时应特别注意品质问题的多发工序和工种点。巡检可以使用目视方法，也可以按标准检验方法进行检验，一般应锁定在本管辖范围。

案例　POLO的质量控制

1．POLO总装生产线概述

上海大众汽车有限公司汽车一厂（以下简称汽车一厂）是采用精益生产方式的一个全新的紧凑型轿车生产基地，生产具有世界先进水平的POLO轿车。汽车一厂总装车间可以生产A04系列的VW240（POLO两厢）、VW241（POLO三厢）、VW24X（小型MPV）等车型，具有很强的柔性生产能力。整个流水线采用了当时汽车行业先进的模块化生产方式，由主板块、驾驶舱模块线、门装配线、前围模块线、底盘模块线组成，共计149个工位，其中主板块主要负责车身上相关零件的安装，另外4条模块线则分别承担4个比较复杂模块的安装，这样的生产形式十分适合复杂车型和复杂工艺，将一些不容易安装的零件或有特殊工艺要求的零件安排在模块预装线上完成，这样的工艺安排有利于生产质量的过程控制，通过在每一条模块线的末端设立相应的质量控制点，可以及时发现并纠正装配过程中的零部件或操作问题，避免缺陷车辆流入下道工序而难以返修造成损失。此外，总装车间应用先进的制造技术和检测手段，在前束试验、转鼓试验、整车报交检测线、道路试验、雨淋试验等检测点对整车性能进行测试。

2．质量控制环的基本原理

由于POLO总装生产线是一条全新规划的生产线，其产品几乎是与欧洲同步设计、同步规划和同期生产的，且POLO产品的目标客户主要是个人消费者，客户对产品从外观到内在质量都有着更为挑剔和个性化的要求，这就使得企业必须形成多品种小批量的生产模式来满足多样化需求，因而对生产过程中的质量控制体系提出了更高的要求，即这个体系必须是以用户的评价作为最终的关注点，而不是仅仅满足标准。所以，其质量体系必须是一个能在不同层面对所发生的问题能在最短时间内发现并将之消除的一个系统，而且它必须是面向过程的，通过对过程的不断优化来达到改进现状、实现目标的目的。因此，公司引进了质量控制环（Qualitaet Regel Kreis，QRK）的概念，以QRK作为质量控制体系的基本组成。

公司的质量控制环是一个封闭的循环，一旦在解决问题的过程中，一个循环的执行和评价后未能彻底解决，控制环将立即进行第二次循环更正，务必使问题迅速得到根治，主要包括如下4个基本步骤：①发现问题。发现问题不仅仅是发现问题，而主要是主动寻找可能影响质量的问题，需要依靠所有员工的质量责任。②原因分析。在此阶段，最好的方法是以小组工作的形式，运用头脑风暴法，尽可能收集有关的可能性，并寻找有关的材料和数据。③制定措施。在此阶段，经过方案的收集、筛选、优化、评价，采用各种有效质量工具，以确定最优方案。在此阶段仍以小组工作为主。④执行及评价。在此阶段，要对措施执行之后的结果进行跟踪，并将结果加以公布，同时还须进一步巩固。

质量控制环的顺利实施，需要夯实如下几个方面的基础：①必须以多层次的质量控制环作为开展工作的手段，以此来满足客户的高要求和多种需求；②必须有合适的机制来保证它有效地运行；③必须有多种控制手段确保控制的效果；④必须以合理高效的质量信息流程作为整改工作的基础；⑤必须考虑进一步优化，引进新概念，满足未来客户可能提出的更高的要求。

3．质量控制环的组织架构

为了有效实施质量控制环，公司共构建了小组级QRK、车间级QRK、厂级QRK和公司级QRK 4个层次的QRK组织。从总装车间范围来说，只涉及2个层次的QRK（包括小组级QRK和车间级QRK）。总装车间小组级QRK的具体设置：整个总装过程根据工艺内容被有序地划分成14个小组级QRK（划分原则没有严格定义，只要基本保证小组所承担工作内容完整和独立即可）。其中主线4个工段被划分成8个小组级QRK，4个预装模块（仪表板、底盘、前围、四门）被作为4个小组级QRK，返工工段被作为1个小组级QRK，产品最终检验被作为1个小组级QRK。这14个小组级QRK覆盖了整个总装制造过程，环环相扣。每个小组级QRK设有1名QRK主持人（在总装车间 QRK 主持人是脱产的，在其他车间不一定），这主要是由于总装过程人为因素影响较高，过程可控程度较低。QRK 主持人必须根据要求对本小组的工作进行 100%的检验，QRK 主持人接受 QRK 协调员的指导，为工长提供质量工作的支持。车间每个班设有 1 名 QRK 协调员（在总装车间 QRK 协调员是专职的，在其他车间不一定，可以由某个工长或现场技术员兼任），QRK 协调员接受车间 QRK 负责人的指导，为值班长提供质量工作的支持。车间 QRK 负责人由现场技术员兼任，他接受工厂 QRK 负责人的指导，为车间经理提供质量工作的支持。

4．质量控制环的实施过程

在 POLO 总装生产线质量控制环的实施过程中，公司重点做了如下几个方面的工作。

1）建立和完善质量控制标准和方法，主要包括决策控制、过程控制和结果控制 3 个方面的质量标准和方法体系。在决策控制方面，主要包括制定质量目标、目标控制和质量决策等步骤。在过程控制方面，主要包括建立标准、过程检查、对存在的问题进行整改等步骤。在结果控制方面，主要包括结果检查、对质量缺陷进行整改等步骤。

2）推行生产车间内部的三检制，主要包括 QRK 员工自检、QRK 主持人检验、QRK 协调员和工长抽检。在员工自检方面，QRK 员工被要求做 100%自检；在自检过程中，员工根据岗位操作指导书对自己的工作过程及结果进行检验。在 QRK 主持人检验方面，主持人也被要求做 100%检验；在主持人检验过程中，重点检验对象是 QRK 检验规范对本小组中的一些重要装配内容，其中，检验规范中 80%的内容是基本固定的，20%的内容将根据实际的产品质量情况，由 QRK 协调员负责在必要的时候进行调整。在 QRK 协调员和工长抽检过程中，重点是根据实际的产品质量情况而进行的检验。

3）质量问题的发现和分析过程。首先，小组级 QRK 发现自己内部的质量问题，判断为人为问题，而且可以立即整改消除，则直接通知“肇事人”消除问题，在随车流程卡相应合格位置盖章。小组级 QRK 发现自己内部的质量问题，判断为非人为问题，如果可以立即整改消除，则消除问题，再将问题录入 QRK 计算机辅助系统（EQPK）并确认已返工，同时在随车流程卡相应合格位置盖章；如果无法立即整改消除，则将问题录入 EQRK 并在随车流程卡注明，同时在随车流程卡相应不合格位置盖章。小组级 QRK 发现外部的质量问题，则将问题录入 EQRK 并在随车流程卡注明，同时在随车流程卡相应不合格位置盖章。如果问题的责任人明确则同时通知相关责任人处理。

4）质量问题的整改过程。在质量问题的整改过程中，采用各级 QRK 自下而上、逐层过滤的方法。原则上自己职责范围内的问题由自己负责整改，在整改过程中，可以寻求他人的支援，但是自己整改负责人的位置不会因此而改变。

5）QRK 工作系统的管理。为了有效落实 QRK 方法，应首先建立专门的工作指导书明确职责、规范流程。与此同时，应确定车间 QRK 负责人，由其负责开展必要的培训和指导工作，并定期对 QRK 方法的实施情况进行评价和持续的改进。

通过实施质量控制环，POLO 总装生产线质量控制活动取得良好的效果，如报交合格率得到显著提高，返工工时显著降低，返工工废损失显著减少。

研讨：

1）POLO 总装生产线的质量控制环的基本思路是什么？应该注意哪些问题？

2）POLO 总装生产线在推行质量控制活动中，其质量控制的组织架构分成几个层次？各层次之间有哪些内在联系？

3）POLO 总装生产线推行生产车间内部的三检制分别是什么？这种质量检验的制度安排有何优点？

思考与练习

1. 简述质量控制的内涵、一般过程和主要内容。
2. 什么是质量控制点？简述设置质量控制点的注意事项和一般过程。
3. 质量控制目标可以分为哪些类型？如何设定质量控制目标？
4. 质量控制标准的制定依据是什么？简述质量控制标准的区分依据及其关系。
5. 简述质量控制标准的制定和完善处理。
6. 简述常用的质量控制方法与工具的适用范围。

4 单元 质量改进

◎ **单元导读**

质量改进是质量管理的一部分，致力于增强满足质量要求的能力。组织通常以项目的形式开展质量管理活动，改进的对象可以涉及产品、过程和质量管理体系等方面的薄弱环节。

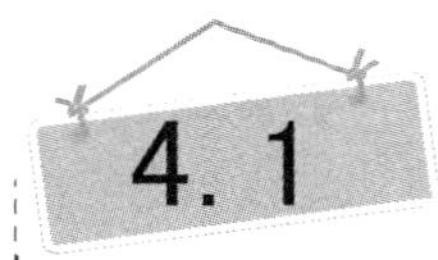

4.1 质量改进概述

4.1.1 质量改进的基本内涵

ISO 9000：2008 对质量改进的定义：质量管理的一部分，致力于增强满足质量要求的能力。质量改进就是通过采取各项有效措施提高产品、体系或过程满足质量要求的能力，使质量达到一个新的水平、新的高度。由此，我们可以进一步理解质量改进的内涵。

质量改进是质量管理活动的组成部分，质量改进的范围十分广泛，它贯穿于质量管理体系的所有过程中（包括大过程及子过程），包括管理职责、资源管理、产品实现、测量分析过程的改进，也包括产品、过程、体系的改进。

质量改进与质量控制存在着紧密联系。组织的质量管理活动，按其对产品质量水平所起的作用不同，可分为两类：一类是质量“维持”，是为保持现有水平稳定的活动，通常通过质量控制来实现；另一类是质量“突破”，是根据用户需求和组织经营的需要对现有的质量水平在维持的基础上加以突破和提高，使产品质量水平上一个新的台阶的活动。

通常以有效性和效率作为质量改进活动的准则。所谓有效性，是指完成策划的活动和达到策划结果的程度；效率是指达到的结果与所使用的资源之间的关系。对于企业质量管理活动而言，有效性和效率之间的关系是密不可分的。离开效率，将付出高昂的代价换得有效性的结果；离开有效性，高效率的后果将是很可怕的。

质量改进要持之以恒。持续改进活动是指增强满足要求的能力的循环活动。质量要求是多方面的，除了有效性和效率之外，还有可追溯性等。所谓可追溯性，是指追溯所考虑对象的历史、应用情况或所处场所的能力。当考虑的对象为产品时，可追溯性涉及原材料和零部件的来源、加工过程的历史（如经过的工序和场所、使用过的设备、操作者等）、产品交付后的分布和场所等。为此，企业的质量管理活动必须追求持续的质量改进。持续改进是贯彻 ISO 9000：2008 标准的核心，是一个组织的永恒主题，有了持续改进，才会使顾客日益增长的要求和期望得到满足，才能使质量管理体系动态地提高，以确保生产率的提高和产品质量的改善。

4.1.2 质量改进的目标与原则

1. 质量改进的目标

质量改进必须有具体的目标作为指引，以使组织及其成员产生合乎目的的具体的改进行动。质量改进的目标可以从以下 3 个方面来理解。

1）从顾客价值的角度来看，质量改进应注重提高顾客满意度和过程的效果和效率，这也是质量改进的宗旨或总的目的。质量改进应以顾客价值为导向，顾客的满意就是质量，质量改进就是使顾客不断地得到物质和精神两个方面的满意。物质满意就是顾客在对组织提供的产品核心层的消费过程中所产生的满意程度，物质满意的影响因素是产品的使用价值，如功能、可靠性、设计包装等。精神满意是客户在对组织提供的产品形式层和外延层的消费过程中所产生的满意程度，精神满意的影响因素包括产品的外观、色彩、防护、装饰、品味和服务等。

2）从组织绩效的角度来看，质量改进的核心是提高组织的整体素质和竞争力，质量改进应贯穿于组织的各个层面。所以，应将组织的总质量改进目标逐级分解落实到各个部门、各个小组乃至各个成员，为他们分别确立相应的质量改进目标，使每项具体的质量改进活动都有具体的目标。这样，促使组织的各个层次的人员都能为了组织的生存和发展积极投身于质量改进活动中去，从而保证总质量改进目标的实现。

3）从社会效益的角度来看，组织进行质量改进不仅是为了增加因顾客需求得到满足所获得的利润，而且要符合顾客和社会的长远利益。质量改进不仅要使顾客和组织成员满意，也要考虑所进行的改进工作建立在维护顾客利益的基础上，并确保社会效益有所保障。

有效的质量改进目标应具备以下特点。

① 目标应具体，并且应是可考核的。空洞的、泛泛的目标不能产生明确而有效的指导作用；不可考核的目标难以指明或评价具体行动结果的强度或程度，从而降低目标对具体行动的指导作用。所以，目标应尽可能是可量化的，以便能对目标实施的过程和活动的结果进行适当的测量和比较。

② 目标应富有挑战性，同时通过努力又是可以实现的。富有挑战性的目标可以增加质量改进的水平和程度，为顾客和组织增加更多的利益，还可能对活动者产生更大的激励作用，增强他们的个人成就感和改进的积极性。过高的目标，实际可行性小，有可能带来相反的结果；而过低的目标，可能作用不大或很小，甚至产生相反的不利作用。

③ 目标应明确易懂，被相应的员工所理解并取得共识。明确易懂的目标才能被成员正确地理解，并把握住目标的实质性内容。组织员工带着各自的不同目标和多重目标在组织中工作，只有当他们对组织的质量改进的目标达成共识时，才能使他们各自的行动和个人的目标在组织的共同目标下统一协调起来，产生一致性的行为。

2. 质量改进的原则

为突破原有质量水平，实现新的质量水平目标，企业在研究与实施质量改进时，应充分考虑和遵循下列基本原则。

1）顾客满意原则。一个组织输出的产品、服务或其他的质量，取决于顾客的满意程度及相应过程的效果和效率。顾客不仅存在于组织的外部，也存在于组织的内部。内部顾客（Internal Customer）是指企业内部结构中相互有业务交流的那些人，包括股东、经营者、员工；相对而言，外部顾客（External Customer）是指组织外部接受产品或服务的组织和个人，包括最终消费者、使用者、受益者或采购方。因此，进行质量改进必须以内外部顾客的满意程度及追求更高的效果和效率为目标。

2）系统改善原则。产品固有质量水平或符合性质量水平方面存在的系统性问题或缺陷，都涉及众多的因素，其质量突破的难度是很大的，它涉及对质量改进必要性、迫切性的认识，关键因素的寻找与确认，人们的知识与技能的发挥，改进的组织、策划与实施过程等。所以进行质量改进时，必须从企业实际需要与可能出发，实事求是地进行系统性的分析和研究，考虑系统性的改善措施，才能取得成功。

3）突出重点原则。质量改进是一种以追求比过去更高的过程效果和效率为目标的持续活动，要突破产品固有质量水平或符合性质量水平所存在的问题或缺陷，必须从众多的影响因素中抓住"关键的少数"，集中力量打歼灭战，求得彻底的改善，才能取得总体改进的效果。

4）水平适宜原则。进行产品质量改进，必须从客观实际需要出发，确定适宜的质量水平，防止产生质量"过剩"。对产品固有质量水平的突破，一定要从用户对产品质量的实际需求及质量标准、法规规定的约束条件出发，不能为上水平而上水平，增加不必要的功能或追求过剩的高质量。因为这种质量过剩既不经济，又不实用，对于提高产品的使用价值没有任何帮助。对产品符合性质量的突破，也要从客观需要和企业的客观条件出发，讲究经济效益，尽可能地使用科学、简便的办法，求得产品符合性质量的突破性提高。

5）项目制原则。质量改进活动是以项目的方式实施的，因此，质量改进活动的整个过程应该是全面的，即不仅包括项目最终的质量，也包括项目服务质量和形成项目过程中的工作质量。以项目形式开展的质量改进应该基于项目全过程，即项目整个生命周期的质量改进。

6）持续改进原则。质量改进主要是解决生产过程中出现的深层次问题，它的改进对象是正在执行的质量标准。通过质量突破，制定新的过程控制标准；通过执行新的质量标准，实现质量提高。持续的质量改进，将会不断地提高产品质量和服务质量，不断减少质量损失，降低质量成本，增强组织竞争能力，获得更高的顾客满意程度与过程的效果和效率，从而为本组织和顾客提供更多的收益，同时还为组织的发展创造机遇。

7）主动改进原则。进行积极、主动的质量改进，应是企业一种必要的主观态度和精神。由于改进是无穷的，因此，改进的机会也是无穷的。抓住了改进的机会，改进才有可能发生。机会不会自动进入"手"中，所以质量改进工作应不断地寻求改进的机会，并抓住机会，促使改进的发生，而不是坐等机会的出现。改进的机会存在于企业内部各种活动之中，已出现的问题和尚未出现的潜在问题大量存在，尤其是后者。它们都是改进的机会所在。对于已出现的问题，要当即抓住分析，不能忽视，否则就会错失良机；对于尚未出现的潜在问题，更要积极地去感受、发现、分析各种各样的微小变化和差异，从而发现一些问题的迹象、苗头和趋势，进而探索潜在问题的所在，发现或创造改进的机会。

8）预防性改进原则。质量改进的重点在于预防问题的再发生，而不仅仅是事后的检查和补救。单纯的事后检查和补救，只可能使已产生的质量损失有所减少，但不能完全消除质量损失，更不能杜绝今后类似的质量损失再次发生。这种补救性质的改进，如返修、返工或调整既不能保证在原有的质量水平上的稳定，也不能保证在原有质量水平上的提高。质量改进的关键是要消除或减少使问题再次发生的因素，即进行预防性的改进。消除或减少使问题再发生的因素，是永久性的、根本性的改进，只有这样才能使组织和顾客长期受益。已经导致质量损失的问题，是已存在的问题，需根据问题的性质，查明导致问题产生的原因，并采取措施进行纠正，不仅要纠正过程中出现的不良结果，以尽可能挽回损失，更重要的是消除或减少导致不良结果的因素，以防止其再发生，避免其造成的质量损失再出现。预防措施和纠正措施都是质量改进的重要手段，它们都是预防性的措施，能够实质性地改进组织的过程。

4.1.3　质量改进的分类与途径

1. 质量改进的分类

组织的质量改进活动形式多样，下面从质量改进的对象、待改进的缺陷来源两个角度阐述质量改进活动的类型。

按改进对象划分，质量改进可以分为产品改进、过程改进和管理体系改进 3 类。产品改进是一种工程技术改进，其结果可能使产品质量提高，也可能使产品的成本下降，甚至可以促成产品的创新。过程改进可以是工程技术活动改进，也可以是管理活动改进。管理体系改进是从最高管理者到基层管理者都应针对自己的管理对象来进行，包括组织目标的调整、发展战略的更改、组织机构的变动、接口方式的改进、资源的重新分配、奖励制度的改变、产品的调整等，可以说涉及组织的方方面面。

按待改进的缺陷来源划分，质量改进活动可以分为管理者可控缺陷改进和操作者可控缺陷改进两类。管理者可控缺陷改进主要针对管理方面造成的缺陷，研究有关的技术和管理方法，其改进措施一般包括技术和管理方法的改进两个方面。操作者可控缺陷改进主要针对操作方面造成的缺陷，研究员工的操作方法，其改进措施通常包括改进操作方法和加工顺序，但有时也有技术上的改进。以上两种改进过程应采取不同的做法：在改进管理者可控缺陷时，通常依靠少数领导和技术人员做出较大的努力；在改进操作者可控缺陷时，通常要求多数员工做出努力。

2. 质量改进的途径

根据质量改进项目课题的大小、难度、所涉及的范围及采用的方法不同，质量改进可分为过程改进、员工改进和组织改进 3 种途径。这 3 种途径的质量改进活动虽然各自的出发点不同，但其相互间具有紧密关系，是相辅相成的。

1）过程改进。ISO 9000 标准明确指出，组织的任何一项工作都是通过一个过程来完成的。任何一个过程必须是增值的，否则应视为无效过程。过程改进的目的在于不断提高过程增值的幅度，为组织创造高的工作质量、工作效率和经济效益。过程改进是针对过程的要求而提出的。一是要提高过程的技术能力（使过程处于技术稳态），二是要提高过程的稳定性（使过程处于统计稳态）。

2）员工改进。员工改进是指每一位员工根据自己身边存在的质量问题，通过自主管理活动或质量控制小组活动而开展的质量改进。改进项目大多是由系统因素作用而发生的异常质量波动的结果。员工改进开展得是否普遍，从一个侧面反映了组织“以人为本”的质量文化启动的程度。根据美国心理学家马斯洛的分析，人类均有自我实现的需要，这种需要能促使人们具有一定的目标导向。希望需求得到满足，就会导致人们产生自主管理或参与质量控制小组活动的积极性，即员工改进。

3）组织改进。组织改进是对整个组织所进行的质量改进，其针对的大多是因随机因素的作用而使质量水平达不到顾客要求或不理想，而必须采取系统改造措施解决的课题。这往往会涉及质量管理体系运行的有效性、技术能力的先进性、组织内外部环境的相关性，甚至质量改进的基本概念还会涉及组织文化和员工队伍的素质等，大多属于宏观管理的改进项目。组织改进涉及范围大、难度大、课题大，需要组织的高层领导亲自主持、参与，并且需要在人力、物力、财力等方面有较大的投入，但其效果往往是非常显著的。

4.1.4 质量改进的环境要求

本节从管理者职责、价值观和行为规范、交流和合作、认可和奖励、教育和培训等方面对质量改进的环境要求进行简要阐述。

1. 管理者职责

组织管理者积极参与并领导质量改进活动，是质量改进持续不断地进行并取得成效的关键。它应成为各级领导实现其工作的质量方针，是质量体系有效运行的手段和途径，并应纳入领导的工作考核中。不同层次的管理者在质量改进活动中的职责各有侧重。组织高层管理者必须加强对质量改进的领导，负责并领导创造持续质量改进的环境，应以自身的行动、持久的努力和资源配置来体现对质量改进的重视，并承担必要的义务，主要包括：①传达质量改进的目的和目标，持续地改进自己的工作过程；②培育公开交流和互相合作的环境，并尊重每个人员；③使组织中每个人都能改进自己的工作过程。组织基层管理者是落实质量改进活动的主要责任者，他们通常组织并亲自参与质量的改进工作。基层管理者要以身作则，持续地改进自己的工作过程，培育公开交流和互相合作的环境，尊重每个人员，提高他人的质量改进意识，使单位中的每个人都能改进自己的工作过程，并通过他们的工作过程来实现质量改进的目的和目标。

基层管理者的关键任务是学会管理群体，并通过自己的行动来改变职工对质量问题的态度，使他们自觉参与质量改进，从而实现对质量改进的领导。

2. 价值观和行为规范

质量改进环境往往需要一套以满足顾客要求和设置更强竞争目标为中心的新的共同的价值观和行为规范，主要包括：①重视并满足内部顾客和外部顾客的需要；②质量改进应贯穿于从供方到顾客的整个供应链；③表明管理者所承担的义务，领导并要求他们参与质量改进；④强调质量改进是每个人工作的一部分；⑤通过改进过程找到问题并加以解决；⑥持续不断地改进所有过程；⑦利用数据和信息进行公开交流；⑧促进个人之间的相互合作和尊重；⑨根据对定量和定性资料的分析进行决策。

3. 交流和合作

公开的交流和合作能够消除组织和人员间影响整个过程效果、效率和持续改进的障碍，并促使和加快质量改进。组织应在包括供方和顾客在内的整个供应链上加强这种公开的交流和合作。

4. 认可和奖励

在鼓励组织中每个人参与质量改进、改进自己工作过程的同时，应认可和奖励他们在质量改进中所做的贡献，这也体现了领导的态度和对每个人的尊重。认可过程要强调个人的发展和成长，并考虑影响个人工作绩效的一些因素（如机会、组织、环境等）。此外，要强调集体绩效，培养集体的荣誉感。奖励认可应形成积极向上的奖励认可制度，鼓励每个人积极进取，不断改进自己的工作过程。

5. 教育和培训

教育和培训对于组织内全体成员，包括最高层管理者的教育和培训都是必需的，而且是一项长期的任务。教育和培训的目的在于强化员工的质量意识，掌握质量管理的原理和方法，及时推广新的技术和经验，不断更新员工的知识和技能。组织管理者要根据质量改进需要，切合实际地制定并实施教育和培训大纲，教育和培训的内容可以是质量原理和实践，以及在质量改进中采用的合适的方法，其中也包括质量改进工具技术的应用。组织应对教育和培训大纲进行评审，并定期评估其实施效果。

质量改进的策略与步骤

4.2.1 质量改进的策略

组织开展质量改进活动可以采取如下两种策略：一种是渐进型质量改进策略，另一种是突破型质量改进策略，图4-1列示了上述两种策略的基本差异。

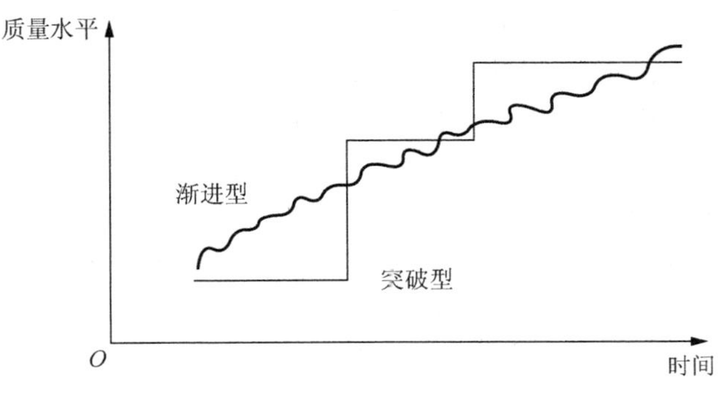

图4-1 质量改进两种策略的基本差异

渐进型质量改进策略具有改进步伐小、改进频繁等特点。这种策略认为，最重要的是每天每月都要改进各方面的工作，即使改进的步子很微小，但可以保证无止境地改进。渐进型质量改进的优点是，将质量改进列入日常的工作计划中，保证改进工作不间断地进行。由于改进的目标不高，课题不受限制，因此具有广泛的群众基础。它的缺点是缺乏计划性、力量分散，不适合用于重大的质量改进项目。

突破型质量改进策略具有两次质量改进的时间间隔较长、改进目标值较高、每次改进均须较大投入等特点。这种策略认为，当客观要求需要进行质量改进时，公司或组织的领导者就要做出重要的决定，集中最佳的人力、物力和时间来从事这一工作。该策略的优点是能够迈出相当大的步子，成效较大，但不具有“经常性”的特征，难以养成在日常工作中“不断改进”的观念。

质量改进的项目是广泛的，改进的目标值的要求相差又是很悬殊的，所以很难对上述两种策略进行绝对的评价。组织要在全体人员中树立“不断改进”的思想，使质量改进具有持久的群众性，可采取渐进型质量改进策略。而对于某些具有竞争性的重大质量项目，可采取突破型质量改进策略。

4.2.2 质量改进的步骤

质量改进是质量管理的一项十分重要的内容，贯穿于产品和服务形成的全过程，存在于任何过程和活动中，为了有效地实施各种形式的具体的质量改进并取得成效，质量改进工作应按以下步骤进行。

（1）选择改进项目

任何组织需要进行质量改进的项目会很多，所涉及的方面可能会包括质量、成本、交货期、安全、环境及顾客满意度等。选择改进项目时，通常围绕降低不合格品率、降低成本、保证交货期、提高产品可靠性（降低失效率）、减少环境污染、改进工艺规程、减轻工人劳动强度、提高劳动生产率及提高顾客满意度等几个方面来选择。

选择改进项目时，通常需要做好如下几项工作：①明确所要解决问题的必要性和重要性，这个问题为什么必须当前解决；②明确有关问题的背景，包括历史状况、目前状况、影响程度（危害性）等；③将不尽如人意的结果用具体的语言表达出来，并说明希望问题具体解决到什么程度；④选定课题和目标值，若有子题目也决定下来；⑤正式选定任务负责人，若成立改进团队，应确定课题组长及成员；⑥如有必要，应对质量改进活动的经费做出概算；⑦拟定质量改进活动的时间表，初步制订改进计划。

选择改进项目时，需要注意如下几个方面：

1）一般在组织内存在着大大小小数目众多的质量问题，为了确定主要质量问题，应最大限度地灵活运用现有的数据，应用排列图等统计方法进行排序，从诸多质量问题中选择最主要的问题作为质量改进课题，并说明理由。

2）必须向有关人员说明解决问题的必要性和重要性，否则可能会影响解决问题的有效性，甚至半途而废。

3）设定目标值必须有充分的依据，目标值应当具有经济上合理、技术上可行的特点。设定的目标值既要具有先进性，又要保证经过努力可以实现，以激励团队成员的信心，提高活动的积极性。

4）要制订质量改进计划，明确解决问题的期限，否则往往会被以后出来的“更重要、更紧急”的问题拖延。

（2）掌握现状

当确定质量改进项目时，应进一步掌握有关课题的历史状况和目前状况等背景资料，这些背景资料应尽可能详尽。为了更好地把握待改进的质量项目的基本现状，需要做好如下几项工作：①掌握解决问题的突破口，必须抓住问题的特征，需要详细调查时间、地点、问题的类型等一系列特征；②针对要改进的质量问题，从影响质量的人员、机器、原材料、方法、环境等诸因素入手进行广泛、深入的调查；③最重要的是要到发生质量问题的现场去收集数据和相关信息。

为更好地把握待改进项目的突破口，需要明确质量问题的内部特征，可以从时间、地点、种类、特征 4 个方面进行深入调查分析。

1）从问题发生的时间上调查，如早晨、中午、晚上，不合格品率有何差异；一周内，每天的合格品率是否相同；从月份、季节、节假日等不同时间角度观察其结果有什么不同等。

2）从导致产品不合格的部位出发，如从部件的上部、侧面或下部零件的不合格情况来考虑，从较长部件的前面、中央、后部不同部位去考虑，产品形状复杂，考虑不合格是发生在笔直部位还是拐角部位等。

3）从问题种类的不同进行调查，如某一组织生产的不同产品，它们不合格品率有无差别；现在生产的产品与原过程生产的同类产品相比，不合格品率有无差异。种类还可从生产标准、等级、消费者、市场等不同角度进行考虑。

4）从问题的特征方面进行调查，如从产品不合格项的形状、部位和排列等考虑。

以上 4 个方面是针对任何问题都必须进行的调查，但并不充分，此外还必须掌握结果波动的特征。一般来说，解决问题应尽量依据掌握的客观数据进行，其他信息如记忆、想象等，只供参考。在没有数据的情况下，应充分发挥其他信息的作用。

（3）分析问题原因

在上述现状调查中，收集到了大量待改进项目的质量问题的数据和信息，接下来是诊断分析产生质量问题的各种影响因素，进而确定主要影响因素。在分析质量问题的原因时，可以通过建立假说与验证假说两个环节得以实现。在建立假说（即根据已收集材料选择可能的原因）的过程中，需要根据收集有关可能的全部原因信息，包括所有认为可能有关的因素，画出因果图；根据前一阶段所掌握的现状信息，消去所有已明确认为无关的因素，用剩下的因素重新绘制因果图；在新绘出的因果图上，标出认为可能性较大的主要原因。在验证假说（用新收集的材料从已设定因素中找出主要原因）的过程中，需要再次搜集新的数据或信息，综合全部调查到的信息，确定可能性较大的原因对问题有多大影响，并确定主要影响原因；如果条件允许，可以有意识地将问题再现一次，确认对问题影响较大的原因。无论是建立假说还是验证假说，均应采用一系列科学方法。日本玉川大学著名质量管理专家谷津进教授曾将这几个阶段活动形象地用图表示出来，如图 4-2 所示。

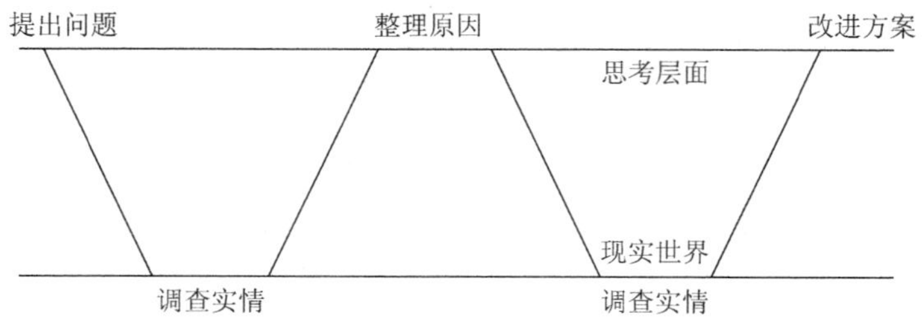

图 4-2　分析解决问题的过程

（4）拟订与实施改进方案

通过充分调查研究和分析，明确了产生质量问题的主要原因，就要针对主要原因拟订改进方案并加以实施。在拟订改进方案时，首先，要严格区分现象的排除（应急对策）与原因的排除（永久对策）；其次，要尽可能防止某一项对策产生副作用（并发其他质量问题），若产生副作用，应同时考虑采取必要的措施消除副作用；最后，应准备若干个对策方案，根据各自的利弊，通过方案论证选择最有利于解决质量问题而且参加者都能接受的方案。在实施改进方案过程中，需要注意如下几项工作。首先，要正确处理应急方案与永久方案之间的关系问题。一般来说，通过返工、返修使不合格品转变为合格品，只是应急方案，不能防止再次发生不合格，要使不合格品今后不再发生，必须采取消除产生质量问题的根本原因的永久方案。其次，要处理好在实施改进方案中可能会引起的其他质量问题（称之为副作用）。最后，要多听取有关人员的意见和想法，注重有关人员有效合作的问题。这是因为在方案实施过程中往往要使许多工作程序发生调整和变化。

（5）确认改进效果

质量改进方案的实施效果如何，直接关系质量改进活动的成败，为此需要对质量改进的效果进行确认。在确认质量改进效果时，可以采用与现状分析相同的方法，将改进方案实施前后的质量特性值、成本、交货期、顾客满意度等指标做成对比性图表并加以观察、分析。若质量改进的目标是降低质量损失或降低成本，应将特性换算为货币形式表达，并与目标值相比较。对于质量改进后取得的大大小小的效果应一一列举。在确认质量改进效果时需要关注如下几个事项。首先，要确认在何种程度上防止了质量问题的再次发生。用于显示改进前后效果的对比性图表应前后一致，这样会更加直观，具有很强的可比性。其次，尽可能将质量改进的效果用货币的方式表达。这样会让经营管理者认识到该项工作的重要性。此外，改进方案实施后，若没有达到预期的效果，应首先确认是否严格按照对策计划去实施了，若确定是，则意味着所采取的方案有问题，应重新回到“掌握现状”阶段。当确认采取的对策无误但没有达到预期效果时，应考虑计划是否有问题。

（6）防止再发生和标准化

经过验证，对确实有效的措施进行标准化，纳入质量文件，防止同类质量问题再次发生。在对有效的改进措施标准化的过程中，首先，要对有效的质量改进措施再次确认其人员、机器、原材料、方法、环境方面的内容，并将其标准化，制定成工作标准，并准备、宣传和贯彻有关新标准的文件。其次，要建立保证严格执行新标准的质量经济责任制。最后，可以组织培训教育，要求所有相关人员正确理解和坚决执行新标准。在对有效的改进措施标准化过程中，还需要注意如下几个问题。一是制定防止同类不合格或缺陷的纠正措施，纠正措施必须进行标准化并形成标准。二是导入新标准时，引起混乱的主要原因是标准没有充分地被准备和传达。例如，系统性很强的作业，一部分工作做了调整，另一部分未做相应调整，容易出现产品问题。三是导入新标准后，必须反复、充分地进行适宜的教育培训，使员工在作业中不再出现以前的问题。

（7）总结

对于改进效果不显著的措施及改进过程中发现的新问题，应进行全面的总结，为持续质量改进提供依据。在质量改进的总结阶段，需要重点做好如下几个方面的工作。首先，应用对比性排列图等工具，找出本次循环的遗留问题，作为下一轮质量改进活动中需要解决的问题。其次，考虑为解决这些问题，下一步应当怎样做。最后，总结本次循环中哪些问题得到了顺利解决，哪些问题解决的效果不理想或尚未得到解决。在质量改进的总结阶段，需要注意如下两个问题。首先，不要就一个问题长期地、没完没了地开展活动。应该在开始时定下期限，到期时总结完成情况，将经验和教训带入下一轮的质量改进活动中去。其次，应制订解决遗留问题的下一步的行动方案和初步计划。

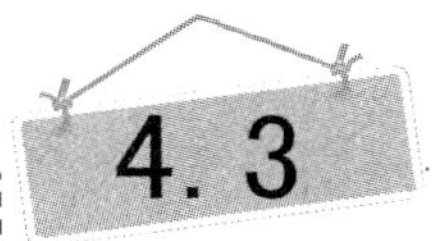

4.3 质量改进的常用方法

实施有效的质量改进，从项目确定到诊断、评价直至结果评审的全过程中，正确地运用有关的支持工具和技术能提高质量改进的成效。在质量改进中，应根据不同的数据资料类型，运用数字数据的工具和非数字资料的工具分析处理数据资料，为质量改进决策提供依据。表4-1列出了常用的质量改进方法与工具。

表4-1 常用的质量改进方法与工具

序号	方法与工具	应用
1	调查表	系统地收集、记录数据资料并进行分析，以得到事实的清晰实况
2	分层图	将有关某一特定论题的大量观点、意见或想法分类汇总
3	水平对比法	将一个过程与公认的领先过程进行比较，以识别质量改进的机会
4	头脑风暴法	引导小组成员创造性地思考，产生和澄清大量观点、问题或议题，用于识别问题解决办法和潜在的质量改进机会
5	流程图	描述现存的过程，设计新的过程
6	树图	表示某个论题与其组成要素之间的关系
7	因果图	分析和表达因果图解关系，根据症状分析原因，也包括分析解决问题的方法

续表

序号	方法与工具	应用
8	直方图	显示波动的形态，直观地给出有关过程情况的信息，确定在何处进行改进工作
9	控制图	诊断：评估一个过程的稳定性； 控制：决定某一过程和何时需要调整，何时需要保持原有状态； 确认：确认某一过程的改进效果
10	排列图	按重要性顺序显示出每一项目对整体作用的贡献，排列改进机会
11	散步图	发现和显示两组相关数据之间的关系，确认两组相关数据之间预期的关系
12	力场分析	识别促进或阻碍正进行改进的力量
13	措施计划表	对存在的问题进行分析后，制定有针对性的措施，便于检查和落实

组织中的全体人员都应该接受应用质量改进工具和技术方面的培训，以改进自己的工作过程。培训应根据各部门、个人的工作实际有针对性地进行，掌握相应的工具和技术，但切忌生搬硬套。质量管理部门应会同有关部门进行分析指导，根据使用部门的实际情况确定一种或几种方法或工具，用于对数据资料的分析和对工序进行监视控制，并对工具方法应用进行评价，以便评判工具方法使用的有效性。有条件的组织，应充分运用计算机辅助管理手段，简化计算，加快图表处理，以方便资料数据的保存和查阅，使质量改进工具和技术的应用更加有效。

1. “PDCA 循环”

“PDCA 循环”是质量体系活动应遵循的科学工作程序，是全面质量管理的基本活动方法，也是质量改进的基本原理和方法。“PDCA 循环”的概念最早是由美国质量管理专家戴明博士提出的，故又称为“戴明循环”，在单元 1 已详细介绍，这里不再赘述。

2. 业务流程再造

业务流程再造（Business Process Reengineering，BPR）是 20 世纪 90 年代由美国 MIT 的哈默（Michael Hammer）教授和 CSC 管理顾问公司董事长钱皮（James Champy）在他们合著的《公司重组——企业革命宣言》一书中首先提出的。书中对 BPR 做了如下定义：“BPR 是对企业的业务流程作根本性的思考和彻底重建，其目的是在成本、质量、服务和速度等方面取得显著的改善，使企业能最大限度地适应以顾客、竞争、变化为特征的现代企业经营环境。”

BPR 的基本思想和方法是为了更好地满足顾客要求，为使作为现代企业业绩标志的成本、服务、速度、效益等得到显著的改进，在对现有机构与现有过程重新评估的基础上，对企业的组织体系和职能结构进行重新设计并对生产要素重新配置，以充分发挥企业竞争优势的经营管理思想和方法。

自提出 BPR 概念以后，已开发出许多实施方式，如渐进型 BPR 和激进型 BPR 等，对应于不同的实施方式，也有各种不同的适用工具。渐进型 BPR 是哈林顿提出的，其采用的方法是首先将现有的过程模型化，分析找出改进的机会。模型化所有的技术有流程图、软件系统的后事记录、角色活动图等。然后用运行和维护过程成本计算及头脑风暴法等确定改革措施。激进型 BPR 是由哈默和坎比提出的，这种方式常用于迫切需要改进的情况。激进型 BPR 是一种从上至下的推动方式，关键是去“设想”一种能使竞争能力获得突破的思想过程，经常采用里奇图和角色扮演等方法来模拟新设想并大量使用信息技术（IT）等方式来实施必要的改进。

业务流程再造的特点主要体现在以下 3 个方面：①彻底改变思维模式，过分强调专业化和工作细分妨碍了效率，也使机构臃肿、缺乏活力、丧失竞争力和创新力。业务流程再造强调的就是从根本上进行变革，进行彻底的再设计。为此，就必须改变传统的思维模式。②以过程为中心进行系统改造，再造所取得的巨大成就主要是通过流程再造取得的。再造活动强调把分散在各职能部门的作业整合成单一的流程，打破组织各部门之间的界限，缩短满足顾客需求所需的时间。③创造性地应用信息技术，信息技术在再造活动中扮演着极为重要的角色，它使组织以完全不同的方式进行工作，帮助企业打破传统的制度并创建完全不同的业务流程模式。

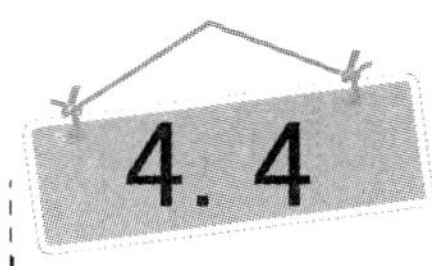

4.4 质量改进的组织、障碍与推进

1. 质量改进的组织

质量改进的组织形式分为正式和非正式，这主要取决于项目的规模。质量改进的组织分为两个层次：一是能为质量改进项目调动资源的管理层；二是具体实施质量改进活动的实施层，一般称为质量改进小组或质量改进团队。质量改进的责任部门是组织的质量管理委员会。

质量管理委员会的主要职责是推动、协调质量改进工作并使其制度化。质量管理委员会通常由高级管理层的成员组成，他们亲自担任质量管理委员会的领导或成员时，委员会的工作效率最高。当组织规模较大时，除总公司设立质量管理委员会外，其下属分公司也可设有质量管理委员会。各委员会之间相互关联，上一级委员会的成员担任下一级委员会的领导，使上下协调一致。

质量管理委员会的主要职责如下：①制定质量改进的方针、策略和目标，明确指导思想，支持和协调组织内各单位、部门的质量改进活动；②组织跨部门质量改进的活动，确定其目标并配备所需资源以满足质量改进活动的需要；③识别过程中内外部顾客的需要和期望，并转化为具体的顾客要求，寻找过程质量改进的机会；④组织质量管理小组（QC 小组、质量改进团队）活动，实现质量改进目标；⑤鼓励组织内每个成员开展与本职工作有关的质量改进活动，并协调这些活动的开展；⑥评审和评估质量改进活动的进展情况，并予以公开认可，将工资及奖励制度与改进成绩挂钩。

质量管理小组不在公司的组织结构图中，是一个临时性组织。它的主要职责有识别并策划本单位的质量改进活动，并能持续开展；测量与跟踪质量损失减少的情况，开发和保持一个使各员工有权力、有能力和有责任持续改进质量的环境。质量管理小组的基本结构包括组长和成员。

2. 质量改进的障碍

质量改进按照严密的步骤实施，也取得了一些成果，但多数情况并不顺利。因此在质量改进前，应先了解开展质量改进活动主要会有哪些障碍。

（1）对自身质量水平认识的局限性

有些组织的产品在国内已较有知名度，自认为自己的产品质量已经不错，没有什么可改进的。即使有改进的地方，也认为投入产出比太小，没有必要；或现在产品已处于国内领先水平，暂时没必要改进等。但实际情况是，它们与世界上质量管理先进组织相比，无论是实物水平还是质量管理水平都有很大差距。这种错误认识，往往成了质量改进的最大障碍。

（2）对失败没有正确的认识

对质量的改进同其他事物的进步一样，失败为成功奠定基础。不是每次质量改进活动都能取得成功，但真正实施质量改进活动，就会为其他组织或今后的质量改进活动提供借鉴的经验和教训。

（3）错误认为“高质量意味着高成本”

质量的改进不仅仅是增强检验和提高产品特性的改进，也可以通过减少长期的浪费、节省不必要的工艺步骤等实现。事实上降低成本也是质量改进的主要内容，质量改进的根本目的是让顾客满意，让组织经营有效。

（4）管理者对权力下放的错误认识

在质量改进方面，部分组织的管理者对权力的下放不够适宜。有的组织管理者将自己的与质量管理相关的权力全部交给下属，以让自己有更多的时间来处理其他工作；还有的组织管理者对下级或基层员工的能力不够信任，从而在质量改进的支持和资源保障方面缺乏力度，使质量改进活动难以正常进行。但成功的组织并非如此，每一个管理者都负责改进的决策工作，亲自担负某些不能下放的职责，质量改进实施者负责其应承担的质量改进职责。

（5）员工的顾虑

质量改进会使组织原有的状况发生变化，对组织文化产生深远影响，如增添新工种，岗位责任中增添新的内容，组织管理中增添团队精神这一概念，质量的重要性得到承认，部分其他工作的重要性相对降低，要求对改进的标准、规定进行培训等。这些变化对员工而言，有可能使他们的工作和地位受到威胁。员工对这类变化大部分是有顾虑的。但质量改进是保持竞争力的关键，组织的进步是维持组织生存的必要保证。因此，组织在改进的同时，要兼顾到员工的顾虑，积极沟通，使他们理解改进的必要性。

3. 质量改进的推进

质量改进过程不是一次性工作，持续开展质量改进活动是质量管理体系的根本，也是组织获得成功的关键。必须持续推动组织的质量改进活动，这也是本组织员工获得长久利益的需要。

（1）质量改进制度化

质量改进制度化主要应做到以下几点：首先，在公司年度计划内增加质量改进目标，使质量改进成为员工岗位职责的一部分，使质量改进的进度和效果成为管理评审的内容之一；其次，在技术评定和工资制度中体现考核质量改进的绩效；最后，建立质量改进成果表彰制度。

（2）上层管理者必须履行不宜下放的职责

质量改进必须有上层管理者的参与，只参与意识教育、制定目标而把其余的工作都留给下属是不够的。上层管理者不宜下放的职责：一是参与质量管理委员会的工作，领导质量改进工作；二是审批质量目标和质量方针；三是为质量改进提供必要的资源，包括人力资源、设施设备、工作条件、环境等；四是制定奖励制度，参与表彰活动。

（3）质量改进活动结果考核

组织管理者按计划、定期考核质量改进活动成效。考核时，不要只注重进度和绩效，更应注意发现问题并及时解决。首先，要对不同类型的质量改进活动结果实行分类考核，尤其要重视关键的质量改进项目。其次，要核查改进小组提供的质量改进报告相关数据和资料的客观性和真实性。最后，要客观评估质量改进活动的成效。在成效评定时，必须将多个项目的成果考虑进来，对项目和质量改进参与人员同时进行评定，评定范围扩大到主管和经理。

（4）及时表彰

根据评定的结果，及时表彰，使表彰对象知道自己的努力得到了承认和赞赏。

（5）对积极推动质量改进的员工计以报酬

质量改进是组织的一项职能，不是一种短期行为。它对公司保持其竞争力至关重要。因此，岗位职责考核中应加入质量改进指标，并反映到工资及奖励制度中去，使持续质量改进得到足够的重视。

（6）对新内容进行培训

通过培训增强员工的质量改进意识，提高他们自发、自主解决质量问题的能力。

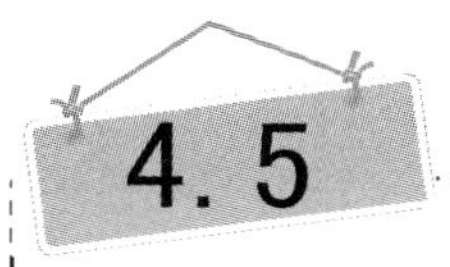

4.5 质量管理与 QC 小组

4.5.1 QC 小组的概念和特点

1．QC 小组的概念

QC 小组是指在生产或工作岗位上从事各种劳动的职工，围绕企业的经营战略、方针目标和现场存在的问题，以改进质量、降低消耗、提高人的素质和经济效益为目的而组织起来，运用质量管理的理论和方法开展活动的小组。

2. QC小组的特点

QC小组有以下几个特点：

1）明显的自主性。QC小组以职工自愿参加为基础，实行自主管理、自我教育、相互启发、共同提高。

2）广泛的群众性。参加QC小组的成员不仅包括领导人员、管理人员、技术人员，而且要注重吸引生产、服务工作第一线的员工参加。

3）高度的民主性。QC小组长可以是民主推选的，也可以由QC小组成员轮流担任；在QC小组内部讨论问题、解决问题时，小组成员不分职务与技术等级的高低，高度发扬民主，各抒己见，互相启发，集思广益。

4）严密的科学性。QC小组在活动中遵循科学的工作程序，步步深入地分析问题，解决问题；在活动中坚持用数据说明事实，用科学方法分析与解决问题。

3. QC小组在实现全面质量管理中的作用

QC小组充分体现了全面质量管理的全员参与和持续改进的特点，遵循“PDCA循环”的科学程序，运用统计方法和其他科学方法分析问题、解决问题。因此，QC小组活动是实施全面质量管理的有效手段，把广大职工群众发动和组织起来，不断发现问题、分析问题和解决问题，以不断夯实质量管理的基础工作，促进质量管理水平的不断提高。

4.5.2 QC小组活动的启动

1. 组建QC小组的原则

组建QC小组是启动QC小组活动的第一步。为了做好组建QC小组的工作，一般应遵循“自愿参加，上下结合”与“实事求是，灵活多样”的原则。

2. 组建QC小组的程序

为了激发起员工自主参与的积极性，组建的程序显得很重要。一般组建的程序包括以下几个步骤。

1）了解其他QC小组的活动情况。可以向企业内其他小组学习，也可以到其他开展得比较好的企业去参观，或者参加一些培训班或成果发表会、经验交流会。

2）阅读有关QC小组的出版物。购买有关QC小组活动的书籍或订阅有关杂志，了解QC小组如何开展活动，对QC小组活动产生一定的感性认识。

3）与有关领导交谈、沟通。有关领导和管理者要积极主动接待，给予必要的指导。

4）QC小组组长可由小组成员自己选举，也可以轮流担当，除了攻关型的小组，一般不要由上级指定。

5）小组成员一般要控制在 10 人以内，人数太多了可以分成几个小组，彼此分工协作或选择不同的题目。

6）给小组命名。注意小组名称不应与课题名称相同，因为课题结束后，小组依然要活动下去，还会选择别的课题。

7）到企业 QC 小组的主管部门注册登记。

4.5.3 QC 小组活动的推进

企业管理者要有效地推进本企业 QC 小组活动深入持久开展，主要应抓好以下 5 个方面工作：

1）自始至终开展质量教育。质量教育应结合实际反复强调并详细说明 QC 小组活动的目的、理念，以及开展 QC 小组活动的科学思路和方法；讲明活动中（包括方法运用中）应注意的一些问题。教育的方式可以灵活多样，教育内容一定要有较强的针对性，要有实效。

2）制定企业年度的 QC 小组活动推进方针与计划。

3）提供开展活动的环境条件。根据每个 QC 小组活动计划的安排，为他们提供开展活动必要的时间、场所及工具。

4）对 QC 小组活动给予具体指导。首先，应对各个小组的选题给予关注，看看课题是否符合 QC 小组的实际情况，是不是小组力所能及的，必要时可提出调整课题或成员的建议。其次，在小组开展活动时，当好参谋。如果改善活动出现问题或遇到困难，应帮助他们分析原因，进行必要的协调，使活动能继续进行下去。最后，在 QC 小组活动取得成果时，应及时听取其成果报告，并给予具体的评价和鼓励。必要时，可对其整理的成果报告给予一定的指导。

5）建立健全企业 QC 小组活动管理办法。企业应根据自己的实际情况，制定并逐步完善企业 QC 小组活动管理办法。该办法应针对小组和课题注册登记、活动记录、成果报告与发展表、成果评价与奖励，以及小组活动的基本程序等各个管理环节提出明确要求，制定具体可行的做法，以推动企业 QC 小组活动逐步做到规范化、科学化、经常化。

4.5.4 QC 小组活动成果的评审

对 QC 小组活动成果进行客观评价与审核，可以肯定 QC 小组取得的成绩，总结成功的经验，指出不足，以不断提高 QC 小组的活动水平；同时为表彰先进、落实奖励提供资料，促进 QC 小组活动扎扎实实地开展下去。

国家级 QC 小组活动成果的评审标准由现场评审和发表评审两个部分组成，本节将简略介绍一下评审规范与方法。企业在评价与审核 QC 小组活动时可结合实际，酌情参考。

1. QC 小组活动成果的现场评审

QC 小组活动开展得如何，最真实的体现是活动现场。因此，对现场的评审是 QC 小组活动成果评审的重要方面。QC 小组取得成果，向企业主管部门申报后，企业要组织熟悉 QC 小组活动的有关人员组成评审组（最好不少于 5 人），深入 QC 活动现场，面向 QC

小组全体成员，了解他们活动过程的详细情况。并参照 QC 小组活动成果现场评审表（见表 4-2）的内容进行评审。时间一般安排在小组取得成果后两个月左右为宜。

表 4-2　QC 小组活动成果现场评审表

小组名称：________　　　课题名称：________

序号	评审项目	评审内容	配分/分	得分
1	QC 小组的组织	要按照有关规定进行小组登记和课题登记； 小组活动时，小组成员的出勤情况； 小组成员参与分担组内工作的情况	7~15	
2	活动情况与活动记录	活动过程需按 QC 小组活动程序进行； 取得数据的各项原始记录要妥善保管； 活动记录要完整、真实，并能反映活动的全过程； 每一阶段的活动能否按计划完成； 活动记录的内容与发表资料的一致性	20~40	
3	活动成果及成果维持、巩固	对成果内容进行核实和确认，并已达到所制定的目标； 取得数据的各项原始记录要妥善保存； 改进的有效措施已纳入有关标准； 现场已按新的标准作业，并且成果巩固在较好的水准上	15~30	
4	QC 小组教育	QC 小组成员对 QC 小组活动程序的了解情况； QC 小组成员对方法、工具的了解情况	7~15	
总体评价			总得分	

评委：________

2. 发表评审

在 QC 小组活动成果发表时，为了相互启发、学习交流、肯定成绩、指出不足，以及评选优秀 QC 小组，还要对成果进行发表评审。发表评审可在企业举办的 QC 小组成果发布会上进行。由企业主管部门聘请熟悉 QC 小组活动的有关人员组成评审组（一般不少于 5 人），可参照 QC 小组活动成果发表评审表（见表 4-3）的内容进行评审计分。在企业开展 QC 小组活动的不同阶段，每个项目的分值可以做适当调整，以突出不同阶段的重点。

表 4-3　QC 小组活动成果发表评审表

小组名称：________　　　课题名称：________

序号	评审项目	评审内容	配分/分	得分
1	选题	所选课题与上级方针目标相结合，或是本小组现场急需解决的问题； 课题名称要简洁明确，直接针对所存在的问题而命名； 现状已清楚掌握，数据充分，能为制定目标提供依据，并通过分析已明确问题的症结所在； 目标项设定恰当，并有量化的目标值和一定的依据	8~15	

续表

序号	评审项目	评审内容	配分/分	得分
2	原因分析	应针对问题的症结所在分析原因，因果关系要明确、清楚； 原因要分析透彻，一直分析到可直接采取对策的程度； 主要原因要从末端因素中选取； 应对所有末端因素进行了确认，并且数据、事实客观工具运用正确、适宜	13~20	
3	对策与措施	应针对所确定的主要原因，逐条制定对策； 对策应按 5W1H 原则制定，每条对策在实施后都能检查是否已完成（达到目标）及有无效果； 要按对策表逐条实施，且实施后的结果都有检查情况说明； 大部分的对策是由本组成员来实施的，遇到困难能努力克服； 工具运用正确、适宜	13~20	
4	效果	取得效果后与原状比较，确认其改进的有效性，与所制定的目标比较，检查目标是否达成； 核算经济效益实事求是，对产生的无形效果进行了评价，改进后的有效方法和措施已纳入有关标准，并按新标准实施，改进后的效果能维持、巩固在良好的水准，并用图表表示出巩固期的数据	13~20	
5	发表	发表资料要系统分明，前后连贯，逻辑性强； 发表资料应以图、表、数据为主，避免通篇文字、照本宣科； 发表资料要通俗易懂，不用专业性特强的词句和内容，在不可避免时做了深入浅出的解释； 发表时要从容大方，不做作，口齿清楚而有礼貌地讲解，回答提问时诚恳、简要，不强辩	13~20	
6	特点	课题具体、务实，活动过程（包括发表）主动、活泼，有新意，具有启发性	0~5	
总体评价			总得分	

评委：________

把现场评审和发表评审两项综合起来，就是对该 QC 小组活动成果评审的总成绩。企业评审的重心应放在审核成果的真实性及有效性上，因此现场评审的成绩占总成绩的 60% 为宜。

4.5.5 对 QC 小组的激励

采用恰当的方式对通过活动取得成果的 QC 小组进行激励，不仅可以鼓舞其继续活动的热情，而且可以吸引更多的职工参加 QC 小组活动。

激励手段是多种多样的，主要有如下几种。

1. *物质激励*

物质激励是最基本的激励手段，包括奖金、加薪和各种福利。

2. *精神激励*

精神激励包括荣誉激励、培训激励、组织激励、关怀与支持激励。其中，荣誉激励指授予荣誉称号，发给荣誉证书；培训激励指给予进修、交流的机会；组织激励指得到提拔和调到更重要的岗位工作；关怀与支持激励指企业领导亲自参加 QC 小组活动成果发表会，为优秀 QC 小组颁奖，与优秀 QC 小组合影留念等。

思考与练习

1．什么是质量改进？为什么要开展质量改进活动？

2．质量改进的目标是如何形成的？一个有效的质量改进目标具有哪些特点？

3．简述质量改进的分类。试论述过程改进、员工改进、组织改进这 3 条质量改进途径之间的区别与联系。

4．列表比较渐进型质量改进策略与突破型质量改进策略之间的优缺点。试举一例说明两类质量改进活动之间的适用范围。

5．简述质量改进的一般步骤。

6．QC 小组具有哪些特点？组建原则是什么？如何组建？

5 单元 顾客需求管理

◎ **单元导读**

“从满足顾客需求出发，一切为了顾客满意”，这是质量管理的一个永恒话题。顾客满意是动因，是归宿。满足顾客需求是前提，而要想达到甚至超过顾客的需求，必须致力于质量水平的持续改进。

那么，顾客在哪里？如何识别顾客的真正需求？顾客关系管理包含哪些内容？如何测评顾客满意度？这些问题有时显而易见，有时又令人百思不得其解。

5.1 顾客需求调查

5.1.1 顾客需求

1. 顾客需求的含义

顾客需求，即顾客对产品或服务所提出的“明示的、通常隐含的或必须履行的需求或期望”。

毫无疑问，顾客是表达其需求最直接的主体。因此，在设计和生产产品时，应一切从顾客出发，充分倾听顾客声音。但是，顾客对其需求的表述往往比较含糊。例如，杯子的色调要鲜艳、容易把持等。生产杯子的企业需要认真理解这些含糊的需求，把其转化为对材料、形状的要求。有这样一个典型的例子，顾客对打磨金属的砂布只是提出了“好用”的需求，有的厂家对这一含糊的需求把握不准，用了最好的砂粒和基底，但是顾客并不买账。最后，经过调查才明白，顾客是根据打磨一百件标准金属件所用掉的砂布数量来评价砂布是否“好用”的。数量越少，越好用。为了满足顾客的这一需求，仅仅用最好的砂粒和基底还不够，还必须在两者的结合上花更多的工夫。如果砂粒与基底的黏合度好，甚至可以在一定程度上弥补砂粒与基底在品质上的差异。

2. 三类顾客需求及其意义

1984 年，日本东京理科大学的狩野纪昭博士在其《魅力质量创造》一本中提出了顾客需求管理的一种模式，即卡诺模型，如图 5-1 所示。卡诺模型把顾客需求分为 3 类，即基本型需求、期望型需求和兴奋型需求。

基本型需求是指使顾客达到基本满意而又不会使满意程度超过一定水平的那些特征。过度满足这类需求未必使顾客很满意；可一旦不能满足基本型需求，顾客会极其不满意。例如，使面粉更白或生产的口香糖在咀嚼时可以保持数天的香味，顾客未必就领情。反过来，试想如果咖啡店提供的咖啡烫嘴或冰凉，顾客就会极端不满。

相比之下，满足期望型需求可以持续地提高顾客的满意度。例如，提高轮胎或车顶的使用寿命将会使顾客的满意度增加。如果某种烤肉机易于清洗、操作简便、效率高，那么用户会很满意。

满足兴奋型需求可以最显著地增加顾客的满意度。虽然不能满足兴奋型需求，顾客不会很不满意，但是，一旦某种兴奋型需求得到了满足，就会引起顾客极大的购买欲望。例如，如果烤肉机不但易于清洗、操作简便，而且具有人工智能，不会把肉烤煳，用户就会争相购买。

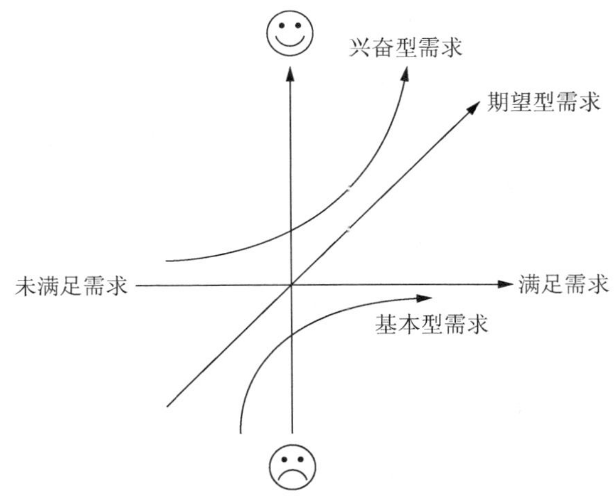

图 5-1　卡诺模型

企业只有把有限的资源用于满足期望型需求和兴奋型需求才能使顾客得到更大的满意，为企业赢得订单，极大地提高产品的营业收入和利润，获得竞争优势。

值得注意的是，今天的兴奋型需求将成为明天的期望型需求或基本型需求。例如，20 世纪 90 年代，西门子因其经久耐用的手机赢得了很多的订单。可今天，人们对手机期望更多的是功能要齐备，“手机就是手机”的年代已一去不复返了。

5.1.2　顾客需求调查方法

顾客需求调查中常用的方法有如下几种。

（1）询问法

询问法就是由调查人员拟定好调查提纲，请顾客提出对某一产品或服务的需求。顾客需求调查问卷是一种规范的询问法。

图 5-2 所示是一家装饰公司的顾客需求调查问卷。在实际中，装饰公司可根据其目标顾客群或调查重点进行修改。

其他类型的公司或组织可以设计有针对性的调查问题。为尽可能地减少顾客填写问卷的时间，所设计的调查问卷应以选择题为主，辅以开放式的问题。

调查问卷的送达和收回方式有纸质邮寄、电子邮箱发送和回复、调查人员送达和回收。无论采用何种方式，为保证调查质量，均需做适当的培训，必要时支付一定的报酬。

（2）观察法

观察法就是跟踪相同产品或类似产品的生产、包装、运输、消费/使用以及最终处置的全过程，以记录、搜集有关产品需求的信息和资料。

（3）实验法

实验法就是采用理化实验方法获得产品的可靠性、安全性、可维护性等性能，可拆卸性、可装配性、可降解性、能源消耗、噪声、废弃物排放、振动等环境属性，以及全生命周期成本。

尊敬的顾客：

您好！

本公司是一家装饰公司，为了更好地服务顾客，特进行本次问卷调查。为保证调查结果的客观性，请独立完成本次调查问卷，此外，在填写时，请仔细阅读所给出的问题，以便给出确切的答案。

1. 您的年龄是多少？

□25岁或以下 □26～30岁 □31～35岁 □36～40岁 □41～45岁 □46～50岁 □51～60岁 □61岁或以上

2. 您的职业是什么？

□公司高管 □公司中层管理人员 □公司一般管理人员 □公司服务人员 □个体老板 □专业人士（医生/律师/工程师等） □公务员 □教师 □自由职业者

3. 您家有多少人常住（一周至少住五天的家庭成员）？

□1～2人 □3～4人 □5～6人 □7人或以上

4. 您的住房面积是多少？

□70m²以下 □70～100m² □100～150m² □150～200m² □200m²以上

5. 您的装修预算是多少？

□8万元以下 □8万～10万元 □10万～15万元 □15万～25万元 □25万～35万元 □35万～50万元 □50万元以上

6. 对于住房装饰，您最担心的问题是什么？

□不能看到施工过程 □对施工质量不放心 □主体材料质量不能保证 □后续维修服务不能保证

7. 您家客厅的空调是哪种机型？

□柜机 □挂机 □集中式

8. 您希望客厅地面用什么材料？

□实木地板 □实木复合地板 □强化复合地板 □瓷砖 □石材

9. 您希望房间（卧室或书房）的地面用什么材料？

□实木地板 □实木复合地板 □强化复合地板 □瓷砖 □石材

10. 您希望客厅的墙面用什么材料？

□涂料 □墙纸 □涂料+墙纸 □瓷砖

11. 您希望卧室或书房的墙面用什么材料？

□涂料 □墙纸 □涂料+墙纸 □瓷砖

12. 您希望客厅和卧室地面的主色调是什么？

□淡黄色 □淡粉色 □其他

13. 您希望客厅和卧室墙面的主色调是什么？

□淡黄色 □淡粉色 □其他

14. 您准备在主卧放多宽的床？

□1.8m □2m □2m以上

15. 您通常在哪些房间上网（复选）？

□客厅 □卧室 □书房

16. 卫生间的以下部件中，您认为哪些是必备设施（复选）？

□洗面盆 □洗手台 □镜前灯 □浴缸 □淋浴屏 □花洒 □毛巾挂杆 □马桶 □厕纸架 □浴霸 □冷热水龙头

17. 在泡浴和淋浴中，您更喜欢哪一种？

□泡浴 □淋浴

18. 您更喜欢哪种类型的花洒？

□手持花洒 □头顶花洒 □侧喷花洒

图 5-2　某装饰公司顾客需求调查表

19. 您一般在哪里洗需要手洗的衣服？

□卫生间洗衣盆　□洗面盆　□浴缸　□其他

20. 您的洗手台上需要摆放多少件物品？

□5件以内　□6～10件　□11～15件　□16～20件　□20件以上

21. 您通常需要在手巾架上挂多少块毛巾？

□1～2块　□3～4块　□5～6块　□7块及以上

22. 您更喜欢用燃气热水器还是电热水器？

□燃气热水器　□电热水器

23. 您准备装修哪种类型的厨房？

□开放式　□封闭式　□其他

24. 下列厨房电器哪些是您经常使用的（复选）？

□电饭煲　□电磁炉　□微波炉　□多士炉　□豆浆机　□咖啡机　□搅拌机　□消毒柜　□洗碗机　□抽油烟机　□电动米桶　□干手机

25. 您是右手为主还是左手为主？

□右手　□左手

26. 您在厨房或洗手间时觉得最不方便的事是什么（复选）？

□住宅电话响了　□门铃响了　□错过想看的电视节目

27. 您从什么途径收集或了解房屋装修的相关信息（复选）？

□电视　□报纸　□杂志　□互联网　□熟人/友人　□户外广告　□售楼处　□其他

28. 请在以下空白处填写你认为重要的其他需求信息：

____

____

____

____。

衷心感谢您在百忙中完成本次调查问卷！

图 5-2　某装饰公司顾客需求调查表（续）

5.2 顾客关系管理

顾客需求调查是顾客关系管理（Customer Relationship Management，CRM）的一个方面，而 CRM 的目的是更好地满足或超越顾客的需求，从而达到顾客满意。

在日趋激烈的市场竞争推动下，在日新月异的信息技术支持下，CRM 得到了长足发展。归纳起来，CRM 就是管理理念与管理方法的集成。满足顾客需求的管理理念是 CRM 的出发点，以信息技术为平台的管理方法构成了 CRM 的基础——顾客关系管理系统，满足甚至超越顾客需求进而达到顾客满意是CRM的目标。

5.2.1 顾客信息获取的途径

顾客信息获取的途径有企业顾客档案、零售商、数据公司、行业协会、相关服务机构、媒体、政府机构。

1）企业顾客档案。企业顾客档案记录了顾客的姓名、类型、采购记录、信用、支付方式等。企业顾客档案的一部分信息来自企业所组织的顾客信息调查活动。企业通过会员证、有奖登记卡、折扣券等活动来采集顾客信息。对自愿登记的顾客进行适当奖励，以此在短时间内收集大量的顾客信息。其具体实现方式可以是现场，也可以是电子邮件或网站。

2）零售商。大型零售公司有丰富的顾客数据，随着供需双方关系的改善及第三方物流的盛行，大多数零售商愿意与供货商分享这些数据。

3）数据公司。数据公司专门收集、整合和分析各类顾客的数据。数据公司往往与政府及拥有大量数据的相关行业和机构有着良好而密切的合作关系。因此，数据公司所拥有的数据比较全面、系统，便于分类比较。

4）行业协会。行业协会掌握有本行业80%的公司动态。对于相关企业，行业协会的信息无疑是一笔巨大的财富。

5）相关服务机构。金融机构、信用卡公司、通信公司、航空公司、旅行社等相关服务机构保存有大量的顾客交易历史记录。这些数据的质量非常高。公司应该通过合作、交换、购买等有偿方式最大限度地占有这些机构的数据。

6）媒体。一些全国性或区域性的杂志、报纸、广播、电视等媒体也拥有大量的顾客信息。

7）政府机构。政府机关、研究中心通过加强基础信息数据库的建设，数据基础越来越完善，数据的管理和应用越来越规范。

获取数据的方式通常有第一手数据、购买数据、租用数据和数据合作。其中，数据合作日渐盛行，而且特别适合于那些本身就拥有大量顾客信息的公司，如在商业活动中经常看到信用卡公司与航空公司联名发卡、会员信息共享等商业合作行为。

数据质量永远是第一位的，无论采取何种途径，以何种方式获取数据，都应注意数据的真实性。为此，应尽可能地收集第一手数据，为保证购买数据和租用数据的真实性，应在合同中明确数据保真责任。此外，还应注意随时更新顾客数据。

5.2.2 顾客分析

1. 顾客的概念及分类

顾客，即“接受产品的组织或个人”。消费者、委托人、最终使用者、零售商、受益者和采购方都是顾客。顾客可以是组织内部的或外部的。

从上述定义可以看出，顾客不再单指个人，一个组织也可以是顾客。例如，个人购车者是汽车经销商的顾客，出租汽车公司也是汽车经销商的顾客。

此外，顾客的范围超出直接购买产品或服务的人，从而扩大到产品或服务的受益者，甚至在产品全生命周期内受到其影响的组织或个人。可以认为，工资员是绩效考核员的顾客，下道工序是上道工序的顾客。

以组织为界限，可把顾客划分为内部顾客和外部顾客。这种划分有其实际管理含义，组织一般通过让内部顾客满意，进而由内部顾客来带动外部顾客满意。对于大学来说，用人单位是顾客（外部顾客），但学生是内部顾客，学校要以学生为本，通过让学生成长成才来让用人单位满意。营利性组织更是如此，通过让内部顾客满意来带动外部顾客满意。

2. 关键顾客识别

一个生产或服务系统的顾客众多，既有外部的，又有内部的；既有直接的，又有间接的，有的以个人身份出现，有的则以组织形式出现。

这些顾客对组织的影响不同，对组织的业绩贡献也不同。通常地，企业 80%的利润是由 20%的顾客带来的，此即“少数关键，多数次要”原理。组织的一个重要任务是识别关键顾客，把有限的资源用于为这些少数的关键顾客提供服务。例如，航空公司通过设计不同的常飞计划、专用订票电话、优先进舱等方式为“铂金”或“黄金”顾客提供优质服务。

排列图是识别关键顾客的一种有效方法。在绘制排列图时，首先要确定判别准则，以下是一些常用的指标，组织可根据需要选择：

1）顾客的采购量。

2）顾客的采购金额。

3）顾客接触组织的次数。

4）顾客接触组织的时间。

5）顾客对公众的影响力。

值得注意的是，一个顾客在当前是一般顾客，在将来可能会转变为关键顾客；一个顾客在某一场合是一般顾客，在另一场合则可能是关键顾客。

组织不能因为需要更多地照顾关键顾客而怠慢了一般顾客。某些金融机构在其股票上市和系统升级之后，一般散户在服务大厅中等待的时间不是短了，而是更长了。造成这种情况的原因可能就是在主观上忽视了散户，在客观上，同样的资源因更多地被关键顾客所占用，从而降低了对散户的服务水平。那么在资源一定的情况下，如何在服务好关键顾客的同时，又不怠慢一般顾客呢？一个有效的解决方案就是应充分利用信息技术细化管理，在上述例子中通过积分奖励，把一般顾客从服务大厅分流到网络或电话服务系统。

事实上，考虑一般顾客和关键顾客在不同的时间和地点会转化，也要求组织不能降低对一般顾客的服务水平。

5.2.3　CRM 系统简介

CRM 系统旨在通过先进的软件技术和优化的管理方法对顾客进行系统化的分析，通过识别关键顾客，改进服务水平，提高客服效率，提高顾客的满意度和忠诚度，并最大限度地降低客服成本。

CRM 系统的主要功能有信息收发与顾客信息资料共享、顾客即时服务、知识管理、顾客综合服务、生成 CRM 综合报告、决策分析等。CRM 系统的体系结构如图 5-3 所示。

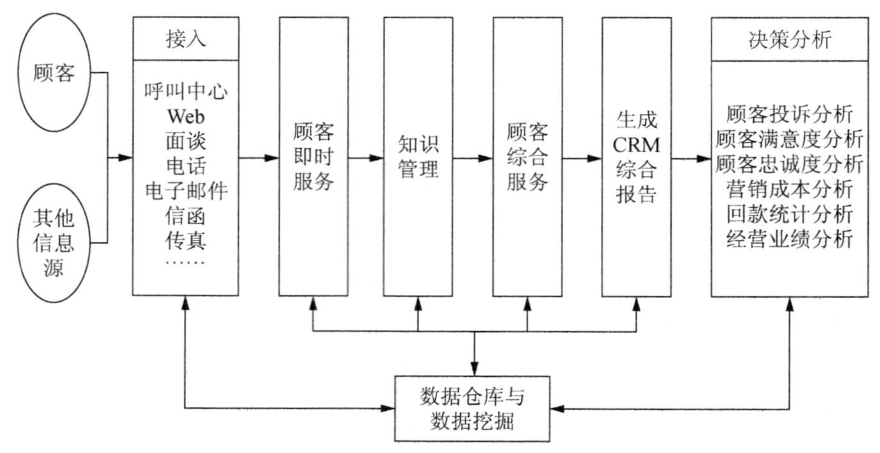

图 5-3　CRM 系统的体系结构

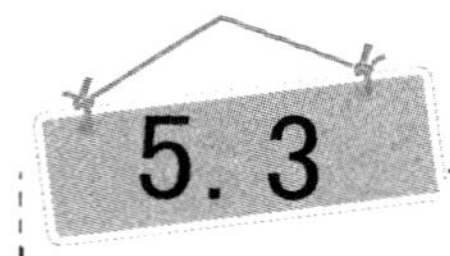

5.3 顾客满意度及其测评方法

5.3.1　顾客满意的含义

1. 顾客满意的概念

顾客满意，即“顾客对其要求已被满足的程度的感受”。对于这一概念，应从以下几个方面来理解：

1）顾客抱怨、投诉等是一种满意程度低的最常见的表达方式，但没有抱怨并不一定表明顾客很满意。

2）即使规定的顾客需求符合顾客的愿望并得到满足，也不一定确保顾客很满意。

3）顾客忠诚度提高是顾客满意或很满意的表现形式。

4）可把顾客满意的程度分为不满意、满意和很满意 3 个层次。质量管理的目标是达到顾客满意，并争取达到顾客很满意。这是“以顾客为关注焦点”原则的集中体现。

5）顾客满意是顾客的一种主观感受，是顾客期望与实际感受之间对应程度的反映，具有相对性，随着时间、地点和其他条件的改变而变化。

6）应当用适当的方法和指标将顾客的这种主观感受客观地、量化地体现出来，即采用科学的方法测评顾客满意度。

2. 顾客抱怨及其处理

如前所述，顾客没有抱怨并不一定表明顾客很满意，但是顾客抱怨、投诉一定表明顾客很不满意。

（1）顾客抱怨的原因分析

影响顾客情绪，导致顾客抱怨甚至发展到投诉，无外乎以下 3 个方面的原因。

1）产品功能远没有达到预期效果。

2）因使用产品导致人身或财产受到损害。

3）服务水平低劣，如不按规范向顾客提供服务，顾客感到自己被忽视、冷落或受到粗暴对待。

（2）顾客抱怨的处理

无论何种原因，当发生顾客抱怨时，都应坚持以下原则去处理。

1）承认顾客抱怨的事实，并表示同情和歉意。

2）感谢顾客的批评指正。

3）快速采取行动，补偿顾客的损失。

4）评估补偿顾客抱怨的具体措施的实施效果。

5.3.2 顾客满意度的测评方法

1. 实施步骤

（1）制订工作计划

在实施顾客调查之前，要制定调查目标，确定调研对象，对与顾客满意度测评有关的人员、时间、所需资源等做出周密安排，其中，尤其重要的是要对调查人员进行专业技能、调查技巧等方面的培训。

（2）确定观测指标

观测指标应根据企业将要采用的顾客满意度指数模型来确定，应具有全面性和可操作性。全面性要求所确定的观测指标应尽可能全面地包含顾客的基本需求和差异化需求所对应的产品特性项目，能够全面系统地评价企业的顾客满意度。可操作性要求这些观测指标可以分解为个性化指标，在调查表中体现出来。

（3）设计调查表格

调查表格的设计是顾客满意度测评的关键，将在下面专门介绍。

（4）收集信息

由企业自行或委托专门调查机构进行顾客满意度调查，收集顾客满意度的信息。企业自行进行顾客调查，可以直接面对顾客，进行交流，掌握第一手资料，成本也较低。但由于双方的供需关系，可能会使顾客隐藏真实想法，如有些不满意的顾客为避免被问不满意的原因，而选择“满意”或“差不多”。委托专门调查机构进行调查的优点是所获得的信息客观，但费用较高。

（5）数据处理与结果分析

对调查得到的数据进行预处理，去掉明显不合理的评价结果。根据有效数据，采用一定的算法模型计算顾客满意度。鼓励企业借助专业软件，计算企业的顾客满意度指数（Customer Satisfaction Index，CSI）。

从横向（与历史数据对比）或纵向（与标杆企业对比）角度分析测评结果，就可以找出差距，发现改进的机会。

（6）编写测评报告

顾客满意度测评报告一般包括题目、报告摘要、基本情况介绍、正文、改进建议、附件。正文部分包括测评背景、测评指标设定、调查表的设计与检验、数据分析处理、测评结果分析。

为不断提高顾客满意度水平，企业应以本次顾客满意度测评为新的起点，进行下一轮顾客满意度测评。

2. 调查表的设计

（1）设计调查表的基本要求

设计调查表就是把顾客满意度观测指标以顾客能够理解的方式表达出来。所以，应围绕调查目的和所确定的观测指标来展开。这就要求设计者完全站在顾客的角度去审视所设计问题的合理性。同样重要的是，为保证测评的客观，所设计的调查问题应能度量某一个或某几个观评指标。

在保证调查目的的前提下，所设计的调查表应越简洁越好，所设计的问题应以客观选择为主，以主观表述为辅。总之，应本着节约顾客回答或填写调查表时间的原则来设计调查表。

除非调查目的需要，顾客基本信息不能涉及顾客的性别、年龄、收入、婚姻状况等敏感问题。

（2）调查表的结构

调查表一般包括开头部分、主体部分和结尾部分。开头部分说明调查目的、填写要求、礼貌话语。主体部分通常包括顾客基本信息和调查问题两部分。

图 5-4 给出了一个调查表实例，即 e 键联网络工程有限公司调查其顾客满意度用表。其他企业参考时在保证基本结构不变的情况下，不应局限于某种形式，应根据企业的实际情况补充或删减调查内容，也可以增加评分等级。

调查表设计完，经过测试、改进后就可以投入使用。

尊敬的顾客：

您好！

感谢您对我们工作一如既往的支持！您的满意就是我们的目标。

为了解您对本公司服务的满意程度，更好地为您提供服务，请您填写以下内容并反馈给我们。谢谢合作！

用户单位		联系人	
单位地址		邮　编	
电子信箱		电　话	

对本公司各项服务（含价格）的满意程度：

工程质量（系统总体性能）：□很满意　□满意　□一般　□不满意

评价的原因（可另附纸）：______________________________

______________________________。

技术培训指导：□很满意　□满意　□一般　□不满意

评价的原因（可另附纸）：______________________________

______________________________。

工程进度（工期）：□很满意　□满意　□一般　□不满意

评价的原因（可另附纸）：______________________________

______________________________。

员工专业服务技能：□很满意　□满意　□一般　□不满意

评价的原因（可另附纸）：______________________________

______________________________。

售后服务：□很满意　□满意　□一般　□不满意

评价的原因（可另附纸）：______________________________

______________________________。

对本公司的总体满意程度：□很满意　□满意　□一般　□不满意

评价的原因（可另附纸）：______________________________

____

____

____

______________________________。

其他意见、要求或建议（好的建议一经采用，本公司将给予奖励）：

____

____

____

______________________________。

请您填好此表并于两周内通过以下电子邮箱发送至我公司：crm@ejianlian.com

年　月　日

图 5-4　e 键联网络工程有限公司顾客满意度调查表

3. 调查方法

顾客满意度调查常用的方法有面谈调查法、电话调查法、网络调查法和邮递调查法 4 种。

（1）面谈调查法

面谈调查法就是调查人员与一个或一组调查对象面对面交谈，请调查对象回答所设计的调查问题。这种方法的优点是调查比较深入；缺点是人力成本较高，调查面不够广泛，调查结果易受调查人员主观影响。

（2）电话调查法

电话调查法就是调查人员通过电话就所设计的调查问题对调查对象提出询问，听取其意见。这种方法的优点是快捷、成本低；缺点是受时间限制，调查不够深入。

目前，在美国等发达国家普遍引入计算机辅助电话采访系统，这种系统可实时录入调查对象的回答，迅速地处理数据，即时得到分析结果。

（3）网络调查法

网络调查法就是通过互联网以电子邮箱或专门设计的调查页面进行调查。随着互联网的普及，越来越多的企业采用这种调查方法。这种方法的优点是方便、快捷，成本低，不受时间和地点的限制，信息量大，可以自动完成调查信息的存储和分析；缺点是调查人员不能控制调查进度。

（4）邮递调查法

邮递调查法就是通过邮局把调查表投递给调查对象，请其在规定时间内把填好的调查表寄回。这是一种传统的调查方法，至今仍被使用。这种方法的优点是调查范围广泛，调查结果可靠；缺点是回收率低，无法控制调查进度。

5.3.3 顾客满意度指数模型简介

顾客满意度指数是基于一定的满意度模型对调查数据进行统计分析，进而得到的顾客满意程度的综合度量值。

顾客满意度指数首先由瑞典于 1989 年提出并在全国范围内推行。之后，德国（1992 年）、美国（1994 年）、欧洲（1999 年）等国家和地区也相继开展了顾客满意度指数的研究和测评工作。1999 年 12 月，中国国务院颁布了《关于进一步加强产品质量工作若干问题的决定》，该决定提出“要研究和探索产品质量用户满意度指数评价方法，向消费者提供真实可靠的产品质量信息”。此后，在国家质量监督检验检疫总局的领导下，清华大学中国企业研究中心提出了具有中国特色的顾客满意度指数（Chinese Customer Satisfaction Index，CCSI）测评模型，并于 2002 年正式在全国范围内推行。

虽然并不要求每个企业都计算出顾客满意度指数，但如果借助专业软件，计算出了本企业的指数，不但对企业的质量和服务水平有了准确的了解，而且通过专业的顾客满意度指数测评，也会对企业质量管理起到较大的促进作用。从经营业绩上看，通过改进不足，提高顾客满意度指数，将会为企业带来显著的经济效益。美国密歇根大学商学院国家质量研究中心对瑞典顾客满意度指数测评结果进行了跟踪，结果表明：若在 5 年时间里顾客满意度指数每年提升一个“点”（顾客满意度指数的计量单位），则投资收益率平均每年增长 6.6%。该中心还对美国顾客满意度指数测评结果进行了跟踪，结果表明：顾客满意度指数每增加一个“点”，其资产净值平均增加约 6.46 亿美元。以下简要介绍美国顾客满意度指数、欧洲顾客满意度指数和中国顾客满意度指数。

1. 美国顾客满意度指数

1989 年，瑞典提出了瑞典顾客满意度晴雨表（Swedish Customer Satisfaction Barometer，SCSB）模型。其后，以密歇根大学商学院的国家质量研究中心（NQRC）、美国质量协会（ASQ）为主导，美国开始了顾客满意度指数的研究和编制工作，并于 1994 年提出了美国顾客满意度指数（American Customer Satisfaction Index，ACSI）模型。

ACSI 模型包含 6 个结构变量和 9 种关系，如图 5-5 所示。6 个结构变量分别是顾客期望、感知质量、感知价值、顾客满意度、顾客抱怨和顾客忠诚度。其中，顾客期望、感知质量和感知价值是顾客满意度的前提变量，顾客抱怨和顾客忠诚度是顾客满意度的结果变量。

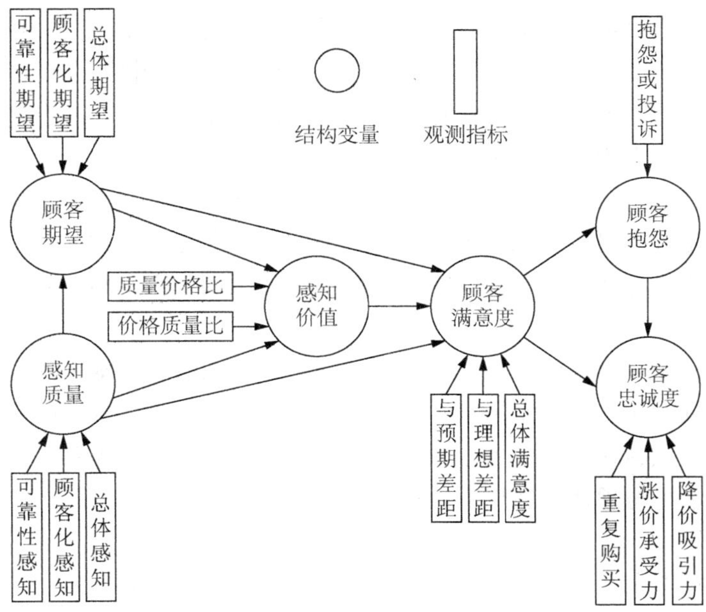

图 5-5　ACSI 模型

ACSI 模型通过结构变量来体现，结构变量通过观测指标来体现，观测指标通过个性化指标来体现，个性化指标被设计在顾客满意度调查表中，由顾客做出评定。

（1）顾客期望

顾客期望是顾客在使用产品或接受服务之前对其质量的总体预期。顾客期望来源于以前的经验、广告宣传、他人的评价等，是以往产品质量水平的综合表现。如图 5-5 所示，顾客期望通过可靠性期望、顾客化期望和总体期望 3 个观测指标来体现。

可靠性期望是指顾客对产品或服务的可靠性质量特性的期望。顾客化期望是顾客对产品或服务满足其特定需求的期望。总体期望是建立在可靠性期望和顾客化期望基础上对产品总的看法。

（2）感知质量

感知质量是顾客使用产品或接受服务后对其质量的总体感受。如图 5-5 所示，感知质量通过可靠性感知、顾客化感知和总体感知 3 个观测指标来体现。

感知质量的 3 个观测指标与顾客期望的 3 个观测指标相对应。

（3）感知价值

感知价值是顾客在综合考虑了质量和价格两个因素后对所得收益的感受。感知价值通过质量价格比和价格质量比来体现。

质量价格比是在给定价格下对质量的感知。价格质量比是在给定质量的前提下，对所支付价格的感知。

质量价格比与价格质量比是两个具有不同含义的指标。以质量价格比来评价产品或服务时，顾客更看重产品或服务的质量，只要产品或服务的质量水平高，顾客就会认可；以价格质量比来评价产品或服务时，顾客更看重产品或服务的价格，只要能满意基本要求，产品的价格越低越好。通过这两个指标不仅可以测评产品或服务，还有助于细分市场，对不同的细分市场，制定相应营销策略。

（4）顾客满意度

顾客满意度是顾客对其要求已被满足的程度的综合评定。这种评定不是定性描述，而是以一定的定量化指标体现出来。顾客满意度通过与预期差距、与理想差距和总体满意度 3 个观测指标来体现。

与预期差距是顾客感受到的实际质量水平与顾客预期的质量水平之间的差距。与理想差距是顾客感受到的实际质量水平与其心目中的某一理想产品或服务的质量水平之间的差距。总体满意度是顾客在综合了各方面因素后对产品或服务的总体感受。这种总体感受是建立在实际质量水平与预期或理想质量水平之间的差距基础之上的。

（5）顾客抱怨

顾客抱怨是顾客在对所使用或接受的服务不满意时所表现的行为。它通过抱怨或投诉观测指标来体现。

顾客抱怨可分为一般的抱怨和严重的抱怨，即投诉。不论企业多么努力，其产品或服务如何完美，顾客抱怨总是不可避免的。如果顾客抱怨没有得到有效解决，不但会影响当事人的满意度和忠诚度，还会通过口碑传播，影响其他顾客的满意度和忠诚度。因此，顾客抱怨管理越来越为企业所重视。事实上，如果企业切实站在顾客的角度解决顾客抱怨，不但会取得顾客的谅解，还能增强顾客的满意度或忠诚度。

（6）顾客忠诚度

顾客忠诚度是顾客使用产品或接受服务的持久性。通过重复购买、涨价承受力和降价吸引力 3 个观测指标来体现。

重复购买表现为顾客重复使用某一产品或接受某一服务，满意度越高，忠诚度也越高，重复购买的倾向也就越大；相反，不满意的顾客可能会降低重复购买的可能性，甚至转而成为竞争对手的顾客。涨价承受力是顾客对产品或服务涨价所能承受的程度，超过某个程度，顾客将转而购买其他产品或接受其他服务。降价吸引力是顾客因产品或服务降价而被打动的程度，低于某个程度，顾客将会购买本企业产品或接受本企业服务，甚至原来不满意的顾客继续购买本企业产品或接受本企业服务。

涨价承受力与降价吸引力的含义不同。涨价承受力更多地针对满意的顾客，即对满意的顾客，能容忍的最大涨价幅度；降价吸引力更多地针对不满意的顾客，即对不满意的顾客，能吸引其继续购买的最小降价幅度。同时，通过这两个指标不仅可以测评产品或服务，还有助于细分市场，制定营销策略。

2. 欧洲顾客满意度指数

1999年，欧洲质量组织（European Organization for Quality，EOQ）和欧洲质量管理基金会（European Foundation for Quality Management，EFQM）与安达信公司合作，开发出了欧洲顾客满意度指数（European Customer Satisfaction Index，ECSI）模型。与ACSI模型不同的是，ECSI模型去掉了“顾客抱怨”这个结构变量，增加了“企业形象”这个结构变量。企业形象是指顾客对企业的印象，企业形象会对顾客期望、顾客满意度以及顾客忠诚度产生影响。ECSI模型如图5-6所示。

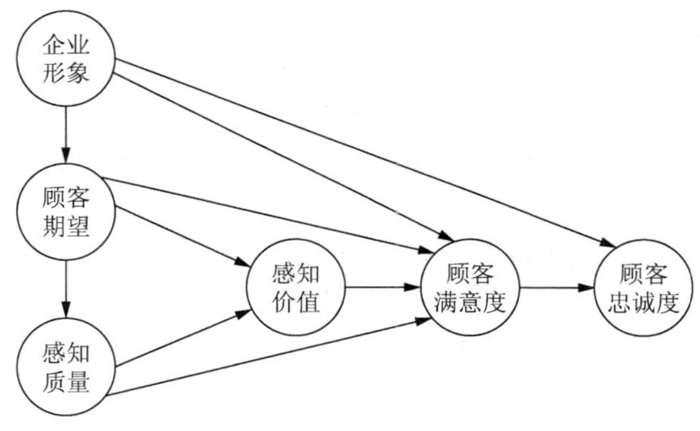

图5-6 ECSI模型

3. 中国顾客满意度指数

2002年，中国有关机构在参照瑞典、美国、欧洲等国家顾客满意度指数的基础上，结合中国的国情，经过研究和开发，推出了有中国特色的顾客满意度指数（China Customer Satisfaction Index，CCSI）模型，如图5-7所示。

CCSI模型的结构变量与ECSI模型基本一致，但变量之间的关系有所不同。其中，品牌形象对顾客满意度起着重要作用。品牌形象不但直接影响预期质量、感知价值和顾客满意度，还通过直接和间接影响感知质量，进而影响感知价值。这一模型说明企业塑造品牌形象的重要性。但归根结底，品牌的塑造有赖于企业产品或服务的质量水平。以下简要介绍CCSI模型中6个结构变量的观测指标。

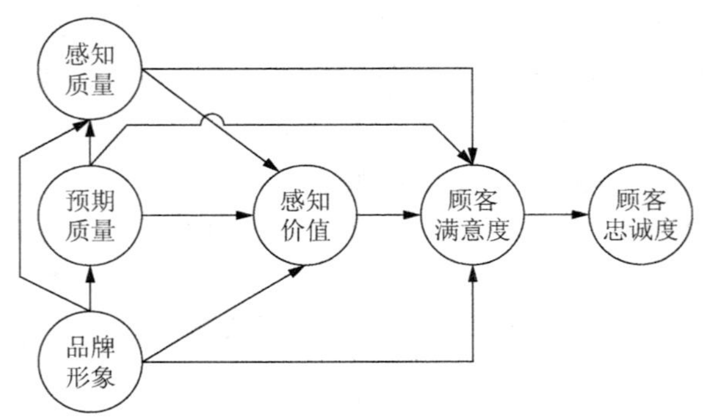

图 5-7　CCSI 模型

1）品牌形象。品牌形象由品牌特征显著度和总体形象两个观测指标来体现。品牌特征显著度是顾客心目中该品牌与竞争品牌相比所具有的独到特征。总体形象是顾客对某一品牌或公司的总体印象。

2）预期质量。预测质量由顾客化预期质量、可靠性预期质量、服务预期质量和总体预期质量 4 个观测指标来体现。顾客化预期质量是顾客在使用产品或接受服务之前对其满足自己特定需求的期望。可靠性预期质量是顾客对产品在各个基本性能或特征方面的期望。服务预期质量是顾客对服务质量水平的期望。总体预期质量是顾客对将要使用的产品或将要接受的服务总的期望。

3）感知质量。感知质量与预期质量相对应，由顾客化感知质量、可靠性感知质量、服务感知质量和总体感知质量 4 个观测指标来体现。

4）感知价值。同 ACSI 模型相同，感知价值由质量价格比和价格质量比两个观测指标来体现。

5）顾客满意度。不同于 ACSI 模型，在与预期差距、与理想差距和总体满意度 3 个观测指标的基础上，增加了与同类差距这个观测指标。

6）顾客忠诚度。与 ACSI 模型相同，顾客忠诚度由重复购买、涨价承受力和降价吸引力 3 个观测指标来体现。

案例　退货

辛苦了 4 个多月，何先生家的装修工程到了收尾阶段。是该把这些剩余的装饰材料退回新欣家园有限公司的时候了。剩余的装饰材料包括墙地砖、冷热水管在内，收拾到一块，装满了一辆小面包车。

在退货处，服务人员逐项检查退回来的材料。最后，服务人员告诉何先生，墙地砖，还有一些电料超过了退货期限。

“那就不能退了？”何先生担心地问。

“是的，这是店里的规定，墙地砖的退货期限是 30 天，光源类为 1 周。”服务人员向何先生解释。

“不能退的材料合多少钱？”何先生懊恼地问。

“墙地砖多一点，2800 元，其他合计不到 1000 元。”服务人员计算后说。

“墙地砖超了多长时间？”何先生并未放弃。

“真是不巧，墙地砖刚超过 1 天，如果昨天来的话，这些墙地砖就可以退了。”服务人员略带歉意地说。

“其他材料就算了，你把墙地砖退了吧。”

何先生心想不就超了 1 天嘛。

“不行，这是店里的规定。”服务人员坚决地说。

“为什么？”何先生疑惑地问。

“不为什么，这是店里的规定。”服务人员以无可商量的口气说。

“就超 1 天，严格地说，超了大半天，就不能退了？”何先生不满地说。“当初，就是看上了你们到小区促销时的那种热情，才决定到你们店里买这些装修材料，我这里还有促销员小吴的电话呢。”说话间，何先生拨通了小吴的电话。小吴让退货处的服务人员接电话。但一阵通话之后，小吴告诉何先生，她已经尽力了，这些货物退不了。

“你站在顾客角度想一想，别光拿你们的规定来说事，2800 元也不是小数目，且不说这些墙地砖对我来说已没有任何用途，我敝哪呀!”何先生动之以情，晓之以理。

正在这时，有其他顾客来退货了，并不断地催促服务人员抓紧时间。看到这，服务人员生气地对何先生说，“你的这些货是铁定退不了的，你在这里磨蹭是在耽误我们的工作!”

何先生一听这话，火冒三丈，“你这是什么话，我在这里磨蹭，是在耽误你的工作，告诉你，这批货我是退定了，找你的经理来，我要投诉你!”

……

研讨：

1）你认为何先生多余的墙地砖是否应该退货？

2）退货处服务人员的服务质量如何？

3）如何解决何先生的抱怨？

思考与练习

1．何为顾客需求？

2．卡诺模型把顾客需求分为 3 类，其管理含义何在？

3．就某一行业，设计一个顾客需求调查表。

4．简述 CRM 的出发点和目标。

5．顾客信息的获取有哪些途径？

6．如何建立和完善企业顾客档案？

7．识别关键顾客的意义何在？

8．下面的说法是否正确，阐述你的理由：“因为企业 80%的利润是由 20%的少数顾客带来的，所以我们要把绝大部分精力放在少数的关键顾客上，而对那些只为企业带来麻烦的极少数顾客可以采取任其流失的办法分流。”

6 单元 质量检验

>>>>

◎ **单元导读**

纵观质量管理发展的历程，我们知道质量管理是在质量检验的基础上发展起来的。步入21世纪，科学生产力的高速发展促进了质量管理的发展，作为质量管理重要组成的质量检验，也必然随着质量管理的发展而发展。

6.1 质量检验概述

6.1.1　质量检验的定义

国际标准 ISO 9000：2005《质量管理体系基础和术语》对检验的定义："通过观察和判断，适当时结合测量、试验或估量所进行的符合性评价"。

质量检验是对产品的一个或多个质量特性进行观察、测量、试验，并将结果和规定的质量要求进行比较，以确定每项质量特性合格情况的技术性检查活动。

质量检验包括如下过程：

1）准备。熟悉规定要求，选择检验方法，制定检验规范。

2）测量或试验。按已确定的检验方法和方案，对产品质量特性进行定量或定性的观察、测量、试验，得到需要的量值和结果。

3）记录。对测量的条件、得到的量值和试验过程中的技术状态予以记录。

4）比较和判定。将测量或试验得到的结果与规定要求进行比较，确定其是否符合规定要求，从而判定检验的产品是否合格。

5）处理。对于合格品放行，对于不合格品做出返工、返修或报废的处理。对于批量产品，决定接收还是不接收，对于不接收的批产品，还要进一步做出全数检验、筛选或报废的处理。

6.1.2　质量检验的主要职能

1. 鉴别职能

依据产品或服务的规定（如标准、产品图样、工艺规程、合同、技术协议等），采用相应的测量、检查方法，对产品或服务的质量特性进行度量，判断质量特性是否符合规定的要求，这是质量检验的鉴别职能。只有经过鉴别，才能判断产品质量是否合格。鉴别职能是质量检验各项职能的基础。

2. 把关职能

对于鉴别发现的不合格品，实现严格把关，做到不合格的材料不投产、不合格的毛坯不加工、不合格的零件不装配、不合格的产品不出厂，从而保证产品的质量。把关职能是质量检验最重要、最基本的职能。

3. 预防职能

质量检验既有把关职能，同时又有预防职能。质量检验的预防职能主要表现在以下几个方面：

1）首件检验和巡回检验。预防批量产品质量问题的发生。

2）进货检验、中间检验和完工检验。这些检验活动既起把关作用，也起预防作用。对前过程的把关，就是对后过程的预防。

3）过程能力的测量和控制图的使用。测定过程能力或使用控制图，都需要通过产品检验获得一批数据或一组数据。这种检验是为了通过计算过程能力的大小发现过程能力的不足，或通过控制图观察过程状态是否稳定，从而预防不稳定的生产状态出现，防止大批不合格品的发生。

4. 报告职能

为了使相关的管理部门及时掌握产品实现过程中的质量状况，将质量检验获取的数据和信息，如产品合格率、损失金额等，经汇总、整理和分析后写成报告，为质量控制、质量改进、质量考核及质量决策提供重要的信息和依据。

6.1.3 质量检验的方式

在实践中，常按照不同的特征对质量检验的方式进行分类。

1. 按检验的数量划分

（1）全数检验

全数检验简称全检，又称 100%检验，即对所考虑的产品集合内每个单位产品被选定的特性都进行的检验。

全数检验的优点是比较可靠，同时能提供比较完整的检验数据，获得较全面的质量信息。

全数检验的缺点或局限性是检验工作量大，检验周期长，检验成本高，漏检和错检难以避免，不能适用于破坏性检验或检验费用昂贵的检验项目。全数检验常应用于下面几种情况：

1）精度要求较高的产品或零部件。

2）对后续工序影响较大的质量项目。

3）质量不够稳定的工序。

4）需要对不接收的检验批进行 100%全数检验及筛选的场合。

（2）抽样检验

抽样检验是从所考虑的产品集合中抽取若干单位产品进行的检验。抽样检验根据数理统计的原理预先制订抽样方案，按一定的统计方法从待检的一批产品（或一个生产过程）中随机抽取一部分产品进行逐件试验测定，通过这部分产品质量的状况来推断整批（总体）产品的质量是否合格的检验方式。

抽样检验的优点是明显节约了检验工作量和检验费用，缩短了检验周期，减少了检验人员和设备。特别是进行破坏性检验时，只能采取抽样检验的方式。

抽样检验的缺点主要表现在两方面：一方面，在接收的整批产品中，会混杂一些不合格品，反之，不被接收的整批产品中会有合格品；另一方面，存在一定的错判风险，例如，将接收批错判为不接收批，或把不接收批错判为接收批。虽然运用数理统计原理精心设计抽样方案可以减少和控制错判风险，但不可能绝对避免。抽样检验一般适用于下面几种情况：

1）破坏性检验，如产品的寿命或可靠性试验、零件的强度测定等。

2）批量大、检查项目多、价值较低、质量要求不高的产品检验。

3）被检对象是连续体，如油类、溶剂、钢水、钢带等。

4）检验费用较高和检验时间比较长的产品或工序。

5）生产过程中工序控制的检验。

2. 按质量特性值划分

（1）计数检验

计数检验是对所考虑的产品集合内每个单位产品上的一个或多个特定特征的出现次数进行记录，对有多少个单位产品具有或不具有特征进行计数，或有多少个上述事件出现在产品、产品集合或机会空间的单位产品上进行计数的检验。

计数检验包括不合格品检验和不合格数检验。当所实施的检验仅记录单位产品/个体是否为不合格品时，称为不合格品检验；当所进行的检验是对每个单元上的不合格特征计数时，称为不合格数检验。不合格品检验属于计件检验，不合格数检验属于计点检验。

例如，对铸件表面的砂眼数、布匹上的疵点数的检验属于不合格数检验。在进行感官检验时，像口味、外观等很难用数值定量表示，只能把产品判断为合格品与不合格品；或者在大批量生产时，产品的特性值可以测量并用数值表示，但为了提高检验效率，节省人力和时间，只检查其是否在公差范围内，以判断合格或不合格，而不测量实际数值的大小；这些检验都属于不合格品检验。

（2）计量检验

计量检验是通过测量单位产品的特性值进行的检验。

3. 按检验的方法划分

（1）理化检验

理化检验是应用物理或化学的方法，依靠某种测量工具或仪器设备对产品进行的检验。理化检验通常能测得检验项目的具体数值，精度高，人为误差小。

（2）感官检验

感官检验是依靠人的感觉器官对质量特性或特征做出评价和判断。例如，产品的形状、颜色、气味、伤痕、污损、锈蚀和老化程度等通常依靠人的视觉、听觉、触觉和嗅觉等感觉器官进行检验和评价。感官检验的判定不宜用数值来表达，在进行比较判断时，常受人自身状态的限制，检验的结果依赖于检验人员的经验，波动性较大。

4. 按检验后检验对象的完整性划分

（1）破坏性检验

破坏性检验是产品被检验后本身就不复存在或不能再使用的检验。例如，寿命试验、强度试验等往往是破坏性检验。破坏性试验只能采用抽样检验方式。

（2）非破坏性检验

非破坏性检验是检验对象被检验后仍然完整无缺，不影响其使用性能。

随着检验技术的发展，无损检验技术的研究不断深入、应用不断增多，破坏性检验日益减少，非破坏性检验的使用范围不断扩大。

5. 按检验的地点划分

（1）固定检验

固定检验就是集中检验，是指在生产单位设立固定的检验站（点），将各工作地点的待检产品送到检验站（点）集中检验。

（2）流动检验

流动检验就是由检验人员直接去工作地点检验。

6. 按检验的目的划分

（1）验收检验

验收检验是确定批或其他一定数量的产品是否可接收的检验。验收检验的目的是把关，通过检验判断产品是否符合质量标准要求，对符合要求的予以接收，不符合要求的不接收或另做处理。验收检验广泛存在于生产全过程中，如原材料、外购件、外协件及配套件的进货检验，半成品的入库检验，成品的出厂检验等。

（2）监控检验

监控检验也称过程检验，是指在过程的适当阶段对过程参数或相应产品特性进行的检验。过程检验的目的是控制生产过程的状态，通过检验判定生产过程是否处于稳定状态，以预防生产中不合格品的大量出现。生产过程中的巡回抽检、定时抽检等方式，属于监控检验。其检验的结果作为监控和反映生产过程状态的信号，以决定是继续生产，还是需要对生产过程采取纠正措施。

（3）监督检验

监督检验是用户、受委托的第三方机构或具有监督职能的管理部门对被检对象实施的检验活动，是第三方检验。狭义的监督检验是指产品质量监督管理部门或其授权的质检机构的检验，是一种宏观的质量监测手段。它可以督促产品的生产者或经销者履行自己在产（商）品质量方面应负的责任，保护消费者利益。

7. 按检验方划分

（1）第一方检验

第一方检验也称生产方检验，是生产企业本身进行的检验。其目的是控制和保证所生产产品的质量，从而在生产过程的各个环节、各道工序进行质量检验。

（2）第二方检验

第二方检验又称买方检验或验收检验，是买方为了保证所购买的产品符合要求进行的检验。例如，经销商对采购产品的检验等。这种检验根据合同和标准进行，以决定是否验收、进货。

（3）第三方检验

第三方检验是监督检验，它既不是买方检验也不是卖方检验，而是独立的第三方检验，以公正、权威的非当事人身份，根据有关法律、标准或合同所进行的产品质量检验活动。

6.2 质量检验的主要制度

在长期的生产经营活动中，企业积累总结了一些行之有效的质量检验管理原则和制度，下面介绍几种主要的常用质量检验制度。

1. 三检制

三检制是指自检、互检和专检三者相结合进行的一种检验制度。

自检是指生产者对自己生产的产品，按图样、工艺或合同中规定的技术标准自行检验，并做出是否合格的判断的活动。

互检是指生产者之间对所生产出来的产品相互之间进行检验的活动。互检主要有以下几种情况：下道工序对上道工序产品的检验；同一工作地，下一个轮班生产者对上一个轮班生产者制造产品的检验；班组长或质量员对本班组工人制造产品的抽检等。

专检是指由专业检验人员进行的检验。

三检制以专检为主导。这是由于在现代生产中，检验已成为专门的工种和技术，专检人员熟悉产品技术要求，工艺知识和经验丰富，检验技能熟练，所用检测仪器也比较精密，检验结果通常更可靠，检验效率相对较高。自检的特点是检验工作基本上和生产加工过程同步进行。通过自检，操作者可以真正地及时了解自己加工产品的质量以及工序所处的质量状态，当出现问题时，可及时解决。互检是对自检的补充和监督，有利于进一步保证质量，避免上道工序或上一个轮班者的不合格品流到下道工序或下一个轮班生产者，有利于分清责任、工人之间协调关系和交流技术。三检制可以发挥专检人员和生产者两方面的积极性，防止因疏忽大意而造成批量废品，保证产品质量。

2. 追溯制

可追溯性是指追溯所考虑对象的历史、应用情况或所处场所的能力。对于产品而言，可追溯性包括原材料和零部件的来源、产品的生产历史、产品交付后的发送及所处位置。为了实现可追溯性，在生产过程中，每完成一道工序或一项工作后，都要记录其检验结果及存在问题，记录操作者及检验者的姓名、时间、地点和情况分析，在适当的产品部位做相应的质量状况标志。这些记录与带标志的产品同步流转，产品完工后要保存记录。产品标志和记录，以及在各种文件上的留名都是可追溯性的依据，在必要时，都能查清责任者的姓名、时间和地点。产品出厂时还同时附有跟踪卡，随产品一起流通，以便用户把产品在使用时所出现的问题及时反馈给生产厂商。追溯制是产品质量责任制的具体体现。

3. 不合格品管理制度

不合格品管理是质量检验乃至整个质量管理中的重要组成部分。从原材料、外购配套件、外协件进货，零部件加工到成品交付的各个环节，存在不合格品是可能的，重要的是生产者应建立并实施不合格品的控制程序，实现不合格的原材料、外购配套件、外协件不接收、不投产，不合格的在制品不转序，不合格的零部件不装配，不合格的产品不交付的目的，以确保防止误用或安装不合格的产品。加强不合格品管理，一方面，能降低生产成本，减少浪费，提高企业的经济效益；另一方面，对保证产品质量、生产用户满意的产品、实现较好的社会效益也起着重要作用。因此，不合格品管理不仅是质量管理体系的一个重要组成部分，而且是现场生产管理的一项重要内容。

（1）不合格品的管理

不合格品管理包括：①规定对不合格品的判定和处置的职责和权限；②当发现不合格品时，应根据不合格的管理程序及时进行标示、记录、评价、隔离和处置；③通报与不合格品有关的职能部门，必要时也应通知顾客。

在不合格管理中，应坚持“三不放过”原则，即“不查清不合格原因不放过，不查清责任者不放过，不落实改进措施不放过”。

（2）不合格品的判定

质量有两种判定方法，即符合性判定和适用性判定。符合性判定是指判定产品是否符合技术标准，得出合格或不合格的结论。这种判定由检验员或检验部门承担。

适用性判定是指判定产品是否还具有某种使用价值，对不合格品做出返工、返修、让步、降级改作他用、拒收、报废的处置的过程。所谓适用性，是指适合顾客要求。

一个不完全符合质量标准的产品对于某些顾客来说，其性能和质量可能可以满足顾客的使用要求。所以不合格品不一定等于废品，它可以经过返修再用，或者直接回用。不合格品的适用性判定是一项技术性很强的工作，一般不要求检验人员承担处置不合格品的责任和拥有权限。

（3）不合格品的处置

根据 GB/T 19000—2008《质量管理体系 基础和术语》的规定，对不合格品的处置有 3 种方式：纠正、报废和让步（见图 6-1）。

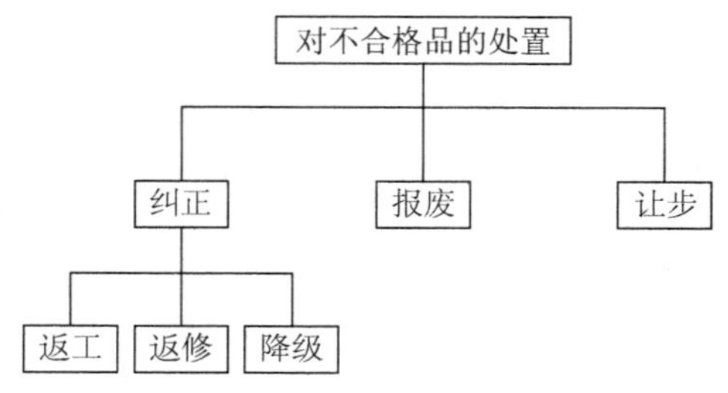

图 6-1　不合格品的处置方式

1）纠正。纠正是指“为消除已发现的不合格所采取的措施”。其中主要包括如下几种措施：

① 返工。它是为使不合格产品符合要求而对其采取的措施。一些产品因质量不符合要求而重新加工或改作，经过返工可以完全消除不合格，并使质量特性完全符合要求。例如，机轴直径偏大，可以通过机械加工使其直径符合公差范围，从而成为合格产品。

② 返修。它是为使不合格产品满足预期用途而对其采取的措施。返修产品采取补救措施后，仍不能完全符合质量要求，但基本上能满足预期使用要求。返修与返工的区别在于，返修不能完全消除不合格品，而只能减轻不合格品的程度，达到使不合格品基本满足使用要求而被接收的目的。

③ 降级。它是为使不合格产品符合不同于原有的要求而对其等级的改变。可以根据实际质量水平降低不合格品的产品质量等级或作为处理品降价出售。

2）报废。报废是指“为避免不合格产品原有的预期用途而对其采取的措施”。不合格品经确认无法返工和让步接收，或虽可返工但返工费用过高、不经济的均按废品处理。

3）让步。让步是指“对使用或放行不符合规定要求的产品的许可”。让步接收是指产品虽不合格，但其不符合要求的项目和指标对产品的性能、寿命、安全性、可靠性、互换性及正常使用均无实质性的影响，也不会引起顾客提出申诉、索赔而被准予放行，也就是不合格品不返工或返修，直接交给顾客。

4. 质量检验计划

质量检验计划是对检验涉及的活动、过程和资源做出的规范化的书面（文件）规定，用以指导检验活动正确、有序、协调地进行。检验计划是对整个检验和试验工作进行的系统策划和总体安排，一般以文字或图表形式明确规定检验站的设置、资源（人员、设备、仪器、量具和检具等）的配备、检验和试验方式、检验方法和检验工作量，是检验人员工作的依据，是企业质量计划的一个重要组成部分。质量检验计划的基本内容包括如下几个方面：

（1）检验流程图

检验流程图用图形、符号表示了检验计划中确定的特定产品的检验活动流程（过程、路线）、检验站点设置、检验方式、方法及其相互关系。一般以作业（工艺）流程图为基础进行设计。它是检验人员进行检验活动的依据。

（2）产品质量特性不合格严重性分级

ISO 9000 对不合格的定义为：“未满足要求”。产品对照产品图样、工艺文件、技术标准进行检验和试验，有一个或多个质量特性不符合（未满足）规定要求，即为不合格。

产品一般有多个质量特性，它们在质量和经济效果上的重要性可能各不相同。不合格是质量特性偏离规定要求的表现，而这种偏离因其质量特性的重要程度不同和偏离规定的程度不同，对产品产生的影响也不同。不合格严重性分级，是将产品质量可能出现的不合格，按其对产品产生影响的不同进行分级。这样做的目的在于明确检验重点，选好验收抽样方案，分级管理不合格，综合评价产品质量和提高质量检验的有效性。

关于质量特性不合格严重性分级，世界各国有不同做法，一般将其分为 3 级或 4 级。我国国家标准将不合格的严重性分成 A、B、C3 级；而美国贝尔系统则将不合格的严重性分为 A（非常严重）、B（严重）、C（中等严重）、D（不严重）4 级。

A 类不合格：单位产品的极其重要的特性值不符合规定标准，对产品功能产生致命损害或可能会对使用、维护和保管这种产品的人带来危险或不安全的不合格。例如，汽车转向盘失灵、继电器线圈断线。

B 类不合格：单位产品的重要特性值不符合规定标准，能造成故障或大大降低产品预定性能和实际使用性能的不合格。例如，汽车行李舱的锁不能打开、继电器接触不良。

C 类不合格：单位产品的一般特性值不符合规定标准，不妨碍或轻微影响产品的有效使用或操作的不合格。例如，汽车底盘上的锈蚀、木器家具涂层的轻微划痕。

（3）检验站的设置

检验站是根据生产作业分布（工艺布置）及检验流程设计确定的作业过程中的最小的检验实体。

检验站的设置有多种方式，可以按产品类别设置、按工艺流程顺序设置、按生产作业组织设置、按检验技术性质和特点设置。

1）按产品类别设置。同类产品在同一检验站检验，不同类别产品分别设置不同的检验站。其优点是检验人员对产品的构成、性能易于掌握和熟悉，有利于提高检验的效率和质量，便于交流经验和安排工作。这种设置适合于产品的工艺流程简单、每种产品的批量很大的情况。

2）按工艺流程顺序设置。在工艺流程的不同环节设置检验站。例如，进货检验站，负责对外购原材料、辅助材料、产品组成部分及其他物料等的进厂检验和试验；过程检验站，负责对生产过程中在制品的检验；完工检验站，负责对产品在某一作业过程、环节（如某生产线或作业组织）全部工序完成以后的检验。

3）按生产作业组织设置。例如，一车间检验站、二车间检验站、三车间检验站、热处理车间检验站、铸锻车间检验站、装配车间检验站、大件工段检验站、小件工段检验站、精磨检验站等。

4）按检验技术的性质和特点设置。针对不同检测技术和不同的测试设备而设置专门、专项的检验站。例如，为高电压的试验、无损探伤检测、专项电气设备检测等项目而设置的检验站。

检验站的设置要重点考虑设在质量控制的关键部位和控制点，要能满足生产作业过程的需要，要有适宜的工作环境，要考虑节约检验成本，有利于提高工作效率。

（4）检验指导书

检验指导书是具体规定检验操作要求的技术文件，又称检验规程或检验卡片。它是检验计划的一个重要部分，用以指导检验人员规范、正确地实施产品和过程的检查、测量和试验。

由于在产品形成过程中，具体作业的特点、性质不同，因此检验指导书的形式、内容也不相同。一般对重要产品的组成部分和关键作业过程的检验活动应编制检验指导书。

检验指导书的内容一般包括检验对象、质量特性值及其技术要求，以及检验方法、检测手段和检验判定等。

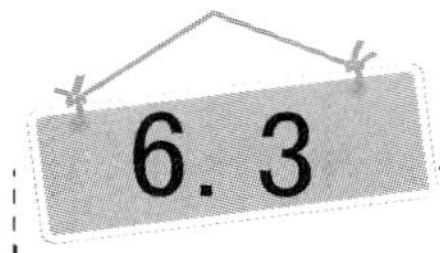

6.3 质量检验活动的基本类型

质量检验活动可以分为3种类型，即进货检验、过程检验和最终检验。

6.3.1 进货检验

进货检验是指对供方（供货厂商、外协厂）交付的原材料、元器件、零件、组装件及配套分机等进行的质量检验。

1. 进货检验和试验的目的与作用

现代化企业生产的各种产品所需的原材料、元器件、配套件、分机等不可能都由本企业加工制造，而是适应专业化生产方式，选择专业化生产的原材料、元器件、配件套及外协厂的产品，来满足本企业生产的需要。

外购和外协的产品，涉及产品的质量，如性能、可信性、安全性、经济性和环境的适应性等，它们对本企业的成品起着重要作用，甚至是决定性的作用。

进货检验和试验的目的就是通过进货检验，确保所购的产品或外协的产品符合规定要求，防止不合格的产品进入工序进行加工或装配，减少购货引起的经济损失。

2. 进货检验的要求

1）按合同或协议明确的交货产品的质量保证内容进行检验。企业与合格供方的订货合同或协议中应明确交货产品的质量保证内容，视情况可规定如下内容。

① 检验的方式和方法：规定全数检验还是抽样检验。抽检还要规定采用何种标准，如计数型GB/T 2828.1—2003或计量型GB/T 8053—2003，还应规定可接收质量水平（AQI），或Po、P1等指标。

② 供方应提供交货产品的合格证明书，必要时还要求提供监测数据和表单。

③ 对供货不合格的处理方式，如退货、换货及经济补偿（赔偿）等。

④ 对供方的质量体系进行第二方质量认证审核等。

2）按企业形成文件的检验和试验程序，以及进货检验和试验规程进行检验和办理入库手续。

3）外购产品、外协产品应是经企业评定合格的供方产品，其他情况进货应经过审批并通知相关部门。

4）按文件化程序、质量计划、检验和试验计划执行。进货检验视企业的资源及检验产品后的有效程度来确定检验方法，既可采用检测设备进行检验，也可采用其他验证方法进行验证。

5）合格产品放行，不合格产品追回的处置。“紧急放行”的产品，需要在该项产品上做好标记，并做好记录，以便能及时追回和更换，但必须经相应的授权人批准，才可放行。同时，进货检验员继续对此批产品进行检验，直到能判别合格与否并做完相应的处理为止。

3. 进货检验的内容

进货检验、外协检验也称进厂检验，包括两个方面的内容，即首件（批）样品进货检验和成批进货检验。

（1）首件（批）样品进货检验

1）对首件（批）进货样品，按程序文件、检验规程及该产品的规格要求或特殊要求进行全面检验或全数检验或某项质量特性的检验；详细记录检测和试验数据，以便分析首件（批）样品的符合性质量及缺陷，并预测今后可能发生的缺陷，及时与供方沟通进行改进或提高。

2）要求供方（可在合同、协议条款中）在首件（批）送检与成批交货时间上有一定的间隔，这样可使供方有时间去纠正质量缺陷，不影响正式交货。

在以下情况下应进行首件（批）样品的进货检验。

① 首次交货。要求供方提供的产品必须具有代表性，制造首件（批）样品的生产设备、检测设备、操作人员技能与将来大生产时一致。

② 供方产品设计上有较大的变更。

③ 产品（供货）的制造工艺有了较大的改变，如改变了所用的原材料、改变了配比、改变了操作条件等。

④ 供货停产较长时间后恢复生产。

⑤ 需方的质量要求有了改变。

（2）成批进货检验

现代化企业对外购件、外协件按其对产品质量的影响程度分为 A、B、C 3 类，实施 ABC 管理法。A 类是关键件，必检；B 类是重要件，抽检；C 类是一般件，仅需对产品型号规格、合格标志等进行验证。

通过 A、B、C 分类检验，可使检验工作主次分明，集中主要力量检测关键件和重要件，确保进货质量。

其中 A 类的外购件、外协件的检验，一般应做到检验项目齐全，如无条件检验的可采用工艺验证试验，或送具有检验资格的第三方检测机构（如市产品检测中心）进行检测和试验，经全项目检验合格后才能办理入库。

工艺验证试验，按程序文件或检验规程要求，由检验部门提出工艺验证申请，工艺（技术）部门批准，车间按照工艺标准进行试验，并出具试验报告。检验部门按照工艺试验报告和其他项目的检验，出具检验报告，判断该批进货是否合格。

（3）两家企业的进货检验流程图

某机械厂原材料检验流程图如图 6-2 所示。某电子设备厂进货检验流程图如图 6-3 所示。

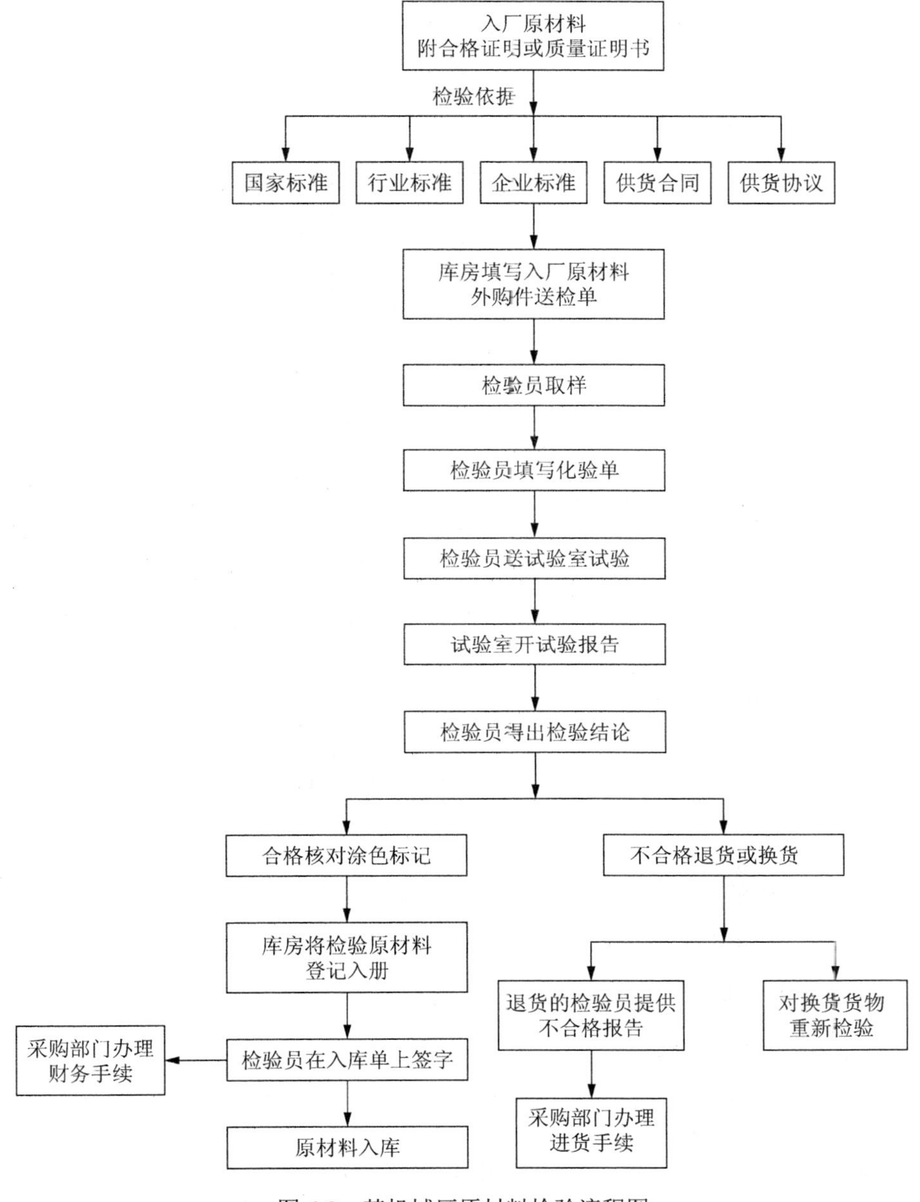

图 6-2 某机械厂原材料检验流程图

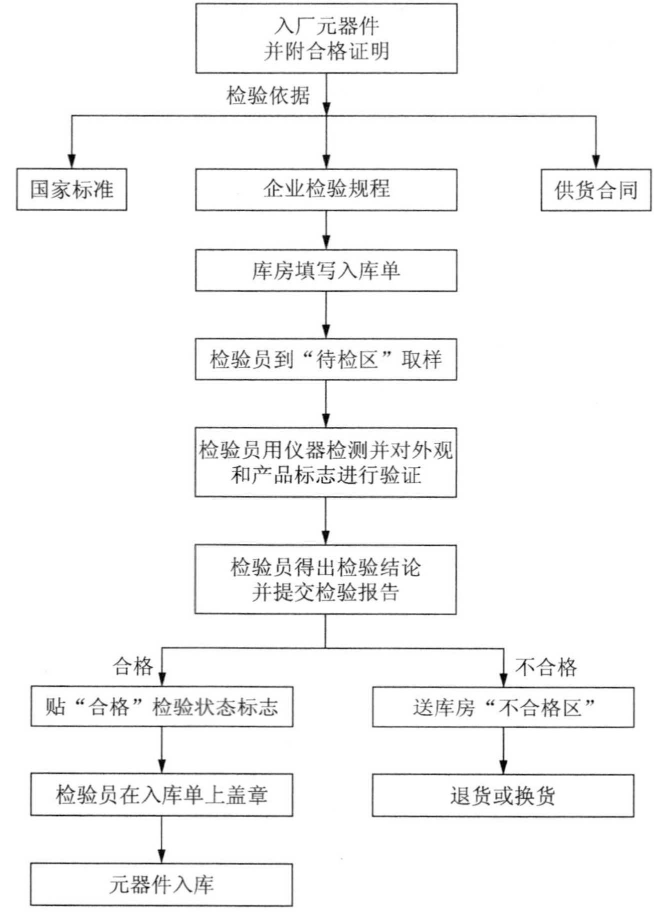

图 6-3　某电子设备厂进货检验流程图

6.3.2　过程检验

过程（工序）检验是对本工序加工完毕的在制品、半成品的检验，有的单位对生产加工的产品分阶段进行检验。

1. 过程检验和试验的目的与作用

（1）过程检验和试验的目的

过程检验和试验的目的是预防产生大批的不合格品和防止不良品进入下道工序。

（2）过程检验和试验的作用

1）可以实施对不合格品的控制。对检验出的不合格品做出标示、记录、隔离、评价和处置，并通知有关部门，作为纠正措施的依据。

2）通过过程检验和试验明确产品标志。在有产品标志和可追溯性要求的场合，通过过程检验和试验，可确保生产过程中每个或每批产品都有唯一性的标志。

2. 过程检验和试验的要求

（1）依据质量计划和文件要求进行检验

按企业形成文件的检验和试验程序或依据质量计划、过程检验规程、工艺规程等文件进行检验，合格后转入下道工序或入库。

（2）设置质量控制点进行过程检验

在关键部位或对产品质量有较大影响及发现不合格项目较多的工序设置控制点，可以应用统计技术对过程进行控制，使产品质量稳定，为质量改进提供数据。

（3）一般不得将未完成过程检验和试验的产品转入下一过程

如果生产急需，来不及在检验报告完成前就要转入下一过程，则必须有可靠追回程序，并在相应的产品上明确标示，做好记录；还要经相应授权人批准，方可放行。这种做法也被称为“例外放行”。

3. 过程检验和试验的内容

过程检验和试验的内容通常包括3个方面。

（1）首件检验

首件检验是对加工的第一件产品进行的检验，或在生产开始时（上班或换班）或工序因素（调整工装、设备、工艺）后对前几件产品进行检验。其目的是及早发现质量缺陷，防止产品成批报废，以便查明缺陷原因，采取改进措施。

（2）巡回检验

巡回检验是检验员在生产现场，按一定的时间间隔对有关过程（工序）进行的流动检验。巡回检验员在过程检验中的检验项目和主要职责如下。

1）巡回检验的重点是关键工序，检验员应熟悉和掌握所负责检验范围内工序控制点的质量要求及检验方法，并对加工后的产品进行检测或观察判断其是否符合工艺文件、检验规程等规定的要求，发现质量缺陷应及时处理。

2）按照过程检验规程要求对关键工序的零部件进行抽样检验或全数检验，并做好对检验后的合格品、不合格品（返工品）和废品的存放处理工作。做好巡回检验记录，提出检验报告。

（3）完工检验

完工检验是对一批加工完的产品（这里指零部件）进行全面的检验。其目的是发现和剔除不合格品，使合格品继续转入下道工序或进入半成品库。

除以上3种通常采用的形式外，还有以下两种检验形式。

1）环境检验：对工作环境和操作人员的卫生条件实行严格控制所进行的检验。

2）工艺监督检查：对一些关键工序的操作工人是否严格执行工艺纪律所做的监督检查。检查内容有下列几项：①根据工艺规程、作业指导书或检验规程的规定，对照所有量具、夹具、仪器仪表验证其是否符合规定要求；②所有原材料是否符合规定要求；③零部件的加工结果是否符合规定要求。

4. 过程检验的方式

工序产品检验的检验方式有较大差异和灵活性，可依据生产实际情况和产品特性而定。

1）质检员全检。质检员全数检验适用于关键工序转序时，多品种小批量、有致命缺陷项目的工序产品。工作量较大，合格的即准许转序或入库，不合格的应责成操作员工立即返工或返修。

2）质检员抽检。质检员抽检适用于工序产品在一般工序转序时，大批量、单件价值低、无致命缺陷的工序产品。

3）员工自检。操作员对自己加工的产品先实行自检，检验合格后方可发出至下道工序。可提高产品流转合格率和减轻质检员工作量，不易管理控制，时有突发异常现象。

4）员工互检。下道工序操作人员对上道员工的产品进行检验，可以不接受上道工序的不良品，互相监督，有利于调动积极性，但会引起包庇、争执等，造成品质异常现象。

5. 多种方式结合

有机结合各种检验方案，取长补短，杜绝不良品流入下道工序或入库，但检验成本较高。

6.3.3 最终检验

最终检验和试验也被称为成品检验或出厂检验，是完工后的产品入库前或发到用户手中之前进行的一次全面检验。这是最关键的检验。

1. 最终检验和试验的目的与作用

1）最终检验和试验的目的是防止不合格产品出厂后流入用户手中，损害用户利益和本企业的信誉。

2）最终检验和试验的作用是全面考核产品质量是否符合规范和技术文件要求，并为最终产品符合规定要求提供证据，因而最终检验和试验是质量控制的重点，也是实行质量管理活动的必备环节。

2. 最终检验和试验的要求

（1）依据企业文件进行检验

依据企业文件进行检验时，应按企业形成文件的检验和试验程序、质量计划、最终检验和试验规程等文件进行检验和试验，合格后办理入库手续。

（2）按规定要求检验并得出结论

按规定要求检验并得出结论是最终检验和试验的程序，应在所有规定的进货检验、过程检验均完成，结果满足规定要求后才能得出是否合格的结论。

（3）审核认可

只有在规定的各项检验、试验全部完成，有关检验结果符合要求，数据、文件都得到审批认可后，产品才能发货。

3. 最终检验和试验的内容

以工业电子和机械行业为例，最终检验和试验的内容主要有装配过程检验、总装成品检验和型式试验。

（1）装配过程检验

按照企业产品技术标准和技术文件的要求，将零部件进行配合和连接，使之成为半成品或成品的工艺过程称为装配。

在生产过程中，装配工序一般作为产品的进货检验及零部件加工过程检验均完成，且结果满足规定要求的最后一道工序。虽然零部件、配套件的质量符合规范和技术文件规定的要求，但在装配过程中，由于不遵守工艺规程和技术文件规定的要求，也可能导致产品质量不合格。为此，要保证装配工序的装配质量，装配过程的检验工作十分重要。

1）部件装配是依据产品图样和装配工艺规程，把零件装配成部件的过程。部件装配检验是依据产品图样、装配工艺规程及检验规程对部件进行的检验。有的企业在装配工艺规程中会单独列出检验项目和技术要求，称之为检验卡，其目的是方便检验。

2）检验内容。机械部件的检验内容有几何尺寸、不平行度、轴径的椭圆度、端面与外圆跳动、角度等。将检验结果与标准比较，判断其是否合格。电气部件的性能包括电、声、色等质量特性。例如，温度控制电源是一个部件，检验的项目一般有输出的电源电压（幅度）、输出电源电压的稳定度、过电压和过电流的保护等，与标准比较，判断其是否合格。

（2）总装成品检验

把零件和部件或外购配套件按工艺规程装配成最终产品的过程称为总装。总装成品检验是依据产品图样、装配工艺规程及检验规程对最终产品（成品）进行的检验。总装成品检验的内容一般如下：

1）成品的性能，包括正常功能、特殊功能和效率 3 个方面。

正常功能是指产品应具有的功能，如载重汽车的载重量和速度、模块电源输出的电压幅度及输出电压的稳定度等。

特殊功能是指产品正常功能以外的功能，一般指增加附件后所具有的功能，如某型号半导体晶体管，带散热器时该型号的输出额定功率为 5W，不带散热器时为 1W。

效率是指产品在规定时间和规定条件下的生产能力，或产品的输出功率与输入功率的比值。

2）成品的精度，包括几何精度和工作精度两项。

几何精度检验是指对最终影响产品工作精度的主要零部件的精度进行检验，其中包括零部件的尺寸、形状、位置和相互间的运动精度。

工作精度检验是通过对规定试件或工件进行加工，然后检验，判定是否满足规定要求。

3）结构，指对产品的装卸、可维修性、空间位置和抵御环境能力等项的检验。

4）操作，主要要求操作简便、轻巧、灵活等。

5）外观，主要是造型美观大方，色彩适宜和光洁，出现的瑕疵应符合规定要求等。

6）安全性，指产品在使用过程中保证安全的程度，如检验某产品超温下的报警，检验某产品的闭锁、隔离装置是否能达到闭锁和隔离的要求。

7）环保，主要是检验成品的噪声和排放的有害物质对环境的污染是否符合有关标准，如对噪声的检查和对粉尘浓度的检验。

以上各条，应按技术文件的规定进行检验。检验均合格时，才能判定产品合格准予出厂。为方便检验工作，企业在设计质量管理体系文件时，将该产品的检测项目、技术要求、检测方法、实测结果合格与否的判定标准等项目列在产品检验报告（表）中，以此报告（表）作为最终产品检验的记录和凭证。某公司成品（模块电源）检验报告如表6-1所示。

表6-1　某公司成品（模块电源）检验报告

表单号：QM-R-001　　　　编号：

型号		数据	
测试项目	单位	技术要求	实测结果
输入电压	V		
空载输入电流	A		
空载输出电压　V0.1；	V		
V0.2；	V		
V0.3；	V		
V0.4；	V		
满载输入电流	A		
空载输出电压　V0.1；	V		
V0.2；	V		
V0.3；	V		
V0.4；	V		
上调电压	V		
下调电压	V		
短路保护			

（3）型式试验

所谓型式试验，是根据产品技术标准或设计文件要求，或产品试验大纲的要求，对产品的各项质量指标所进行的全面试验和检验。通过型式试验评定产品技术性能是否达到设计功能的要求，并对产品的可靠性、维修性、安全性、外观等进行数据分析和综合评价。

型式试验一般对产品施加的环境、应力条件比较恶劣，常有低温、高温、潮热、电源电压变换（如198～242V）、满功率负载、机械振动、温度冲击等项目的试验。新产品研制、设计定型均应按产品技术标准所列的试验项目做全项目的试验；而出厂时只是选择其中若干项做试验，甚至不做试验，依产品的要求和用户要求而定。

型式试验和交收试验既有区别又有联系。型式试验只有在周期检验和试验时（如执行GB 281—2013标准时），在产品设计定型或生产定型时进行全项目的检验和试验。

交收试验是产品在出厂交付用户时，只选择部分项目进行检验和试验，如选择空载试验、负载试验、精度检验等。这些规定一般都在企业制定的该产品技术标准中的验收准则中列出。

还应指出，产品的技术标准包括其中必须做试验的项目和达到的质量水平（性能指标），同时它与该产品的行业标准（部标）、国标（GB）或国军标（GJB）相关联。

一般情况下，企业制定的产品技术标准，应高于部标、国标，至少应与部标、国标规定的要求相等。

质量检验部门在出厂检验或型式试验时应进行监督检查，保证产品的质量和企业的市场竞争能力。

6.3.4 成品入库、包装及出厂检验

1. 成品入库检验

成品入库的两种类型：一种是产品在完成成品包装作业后，经检验入库；另一种是成品在完工后进行油封、油漆处理并经检验入库。无论哪种情况，检验人员都应做到：

1）按检验和试验程序及检验规程的要求进行检验。

2）核对和检查油封、油漆的质量是否满足文件规定的要求，判定是否合格。

3）核对和检验包装的产品，主要是检查包装材料、包装箱的结构和包装的质量是否满足文件规定的要求，判定是否合格。

4）入库单或入库交验单齐全，判定合格后方能入库。

2. 成品包装检验

包装质量是指由于包装的原因对产品质量造成的影响和损坏的程度。包装质量可分为包装设计质量、包装制造质量和包装使用质量。

（1）按文件要求检验

按文件要求检验即按检验和试验程序及检验规程的要求进行检验，主要检验以下内容。

1）包装材料。

2）包装箱是否牢靠，是否按包装设计文件制造并符合规定要求。

3）包装前是否按文件要求进行油封、油漆、润滑及外观的检验。

4）成品合格证书（或标志）的编号与包装箱的编号必须相符。

5）包装箱上用户名称、地址、邮编、防雨、置放的标志必须正确等。如果包装后即将发往用户，还需检验。

（2）按产品装箱清单检验

产品装箱清单包括产品说明书、产品合格证书、等级品证书。

对附件、备件工具等进行全面清点核对，做到物卡相符，将主机、附件和随行文件放入指定的包装内，按包装工艺文件要求固定在包装箱内。

检验人员确认全部检查完成后，应在合格证书或产品装箱清单（包括自存）上签章，此时产品方可出厂或入库。

3. 成品出厂检验

成品出厂前必须进行出厂检验，才能达到产品出厂“零缺陷”客户满意零投诉的目标。

检验项目包括以下几个。

1）成品包装检验：包装是否牢固，是否符合运输要求等。

2）成品标示检验：如商标批号是否正确。

3）成品外观检验：外观是否破损、开裂、划伤等。

4）成品功能性能检验。

成品质量合格则放行，不合格应及时返工或返修，直至检验合格。

思考与练习

1．何为质量检验？其工作内容与要求分别是什么？

2．不合格品的管理中，什么是“三不放过原则”？

3．质量检验的方式有哪些？其类型有哪些？

4．产品检验管理通过哪些活动来进行？

5．检验站设置有哪些基本原则？

6．制定质量特性分析表所依据的主要技术资料有哪些？

7．进货检验的目的与作用分别是什么？

8．成品出厂检验项目包括哪些？

7 单元 质量信息管理

◎ **单元导读**

质量数据与质量信息是追求卓越质量、改进经营绩效、提高竞争优势的驱动力。一致、准确和及时的数据为组织进行质量水平评估、控制和改进提供了实时的信息，从而帮助其实现绩效目标，不断满足顾客需求。建立全面有效的质量信息管理体系，借助信息技术进行质量管理的信息化建设，有助于提高质量管理的效率和效果。

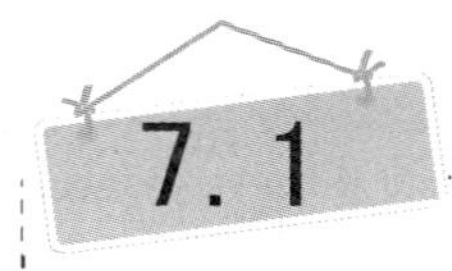

7.1 质量数据与信息

20 世纪 90 年代初期，美国波音公司采用手工编号系统来对一架飞机的 400 万个零部件和 270km 长的导线进行管理。这就意味着，当波音 737 上一个零件需要变更时，需要同时对多达 460 页的图样进行重新编号，从而造成了生产效率低下。面对空中客车公司等竞争对手的挑战，为了争夺更多的市场份额，波音公司通过低价格战略获得了大量的订单，但生产效率亟待提高。为了实现生产效率翻番的目标，波音公司实施了一套新的生产控制系统。然而由于缺乏即时数据，新控制系统的实施使得波音公司在 1997 年 10 月不得不将波音 737 和波音 747 的生产线关闭 27 天，从而导致了 1.78 亿美元的损失和高层管理层的变动。新管理层上任后，公司利用电子表格建立了一个关键指标“控制板”，这些指标包括缺陷产品、材料成本、周转周期等。波音公司第一次即时获得了所需的数据和信息，了解了哪些项目创造价值、哪些不创造价值。这种做法取得了明显的效果，因此，一位经理感慨道：“数据赋予你自由。”

7.1.1 质量信息概述

1. 质量信息的概念

数据（Data）是记录客观事物的符号，反映了来自于某种测量活动的事实。这些符号不仅指数字，而且包括字符、文字、图形等。信息（Information）是关于客观事实的可通信的知识，是关于一项业务或一个组织的数据。信息来源于对数据的解释和分析。对于同一数据，每个人的解释可能不同。决策者利用经过处理的数据做出决策，可能取得成功，也可能得到相反的结果，关键在于对数据的解释是否正确。不同的解释往往来自不同的背景和目的。

质量信息（Quality Information，QI）是指质量形成过程中所产生的相关数据的统计和分析，是组织的生产经营活动和产品生命周期中与质量相关的信息。许多管理人员和质量专业人员仅仅从生产系统输出的角度去考察质量信息，这种认识是比较狭隘的。对过程、组织层面的，更加广泛的绩效数据的测量和分析，更加有助于校准组织的运营和战略方向。

数据和信息会在个人、过程和组织 3 个层次上支持组织的质量工作。在个人层次上，质量绩效、工作进度、操作状况等个人工作数据能够提供即时信息，以便于发现异常因素，确定原因并采取所需的纠正措施。这需要组织提供简捷的沟通渠道，以便工作人员及时把握现状。在过程层次上，需要综合性的质量信息，如工序能力、缺陷率、产量、周转时间、劳动效率、顾客满意和抱怨等数据，这将有助于管理者确定过程是否处于正常状态，资源是否得到有效利用，以及过程的改进状况。在组织层次上，来自组织各个领域的有关产品和服务的质量数据，与财务、市场、人力资源等其他方面组织绩效数据一起，形成了高层管理者测量利益相关方价值并进行战略计划和决策的基础。

质量信息是组织进行决策所依据的事实。美国佛罗里达电力与照明公司曾经告诉狩野纪昭博士，当地强烈的闪电是导致公司服务中断的主要原因。当狩野纪昭博士要求公司拿出支持其结论的数据时，该公司却两手空空。大约 18 个月后，狩野纪昭博士再度访问了佛罗里达电力与照明公司，这时公司已经收集了大量数据，从中发现在没有强烈闪电时，公司服务也会中断。此外，公司还发现许多设施并没有充分的防护措施。这些问题都是通过数据的采集和分析才得以发现的。由此可以看出，数据和信息是组织做出正确决策的事实基础。

然而，过犹不及，过多的数据如同缺乏数据一样糟糕，大量的数据会使得工作被淹没在许多无用数据的分析当中。对于组织来说，重要的是确定并寻找组织所需要的数据。戴明博士曾经强调数据是解决问题的基础，同时他也指出，过分依赖测量数据也是不合理的。有些对于组织来说十分重要的信息，是很难真正通过测量准确得到的，如顾客的忠诚度和价值。因此，组织在对待质量数据和信息时，应该力求寻找那些适当的数据，并致力于构建科学的数据采集和分析流程。

2. 质量信息的特征

质量信息属于信息的范畴，它具有信息所具有的共同特征，如普遍性、传递性、共享性、实效性等。除此以外，质量信息还具有自己的一些特征。

1）复杂性。质量信息的复杂性表现在它的广泛性和层次性上。质量信息的广泛性是指质量信息在组织中普遍存在。它覆盖了产品生命周期的各个阶段，也覆盖了组织的各层级和各职能领域。层次性一方面是指一个产品的质量可以被分成多项质量特征或通过多项质量特征而展现出来；另外一方面是指满足组织高、中、低管理层次的不同需要。

2）关联性。散布于各部门和产品生命周期各个阶段的质量信息相互关联、相互影响。每一个质量信息都可能反映出设计、采购、生产等各个方面的信息。例如，水泥原材料的质量信息和配料质量信息对产品生命周期其他环节的质量会产生巨大的影响。质量信息的关联性特点决定了质量信息系统是一个多层次、多环节且相互关联的复杂系统。

3）价值性。质量信息可以为组织带来效益。顾客与市场中的质量信息能帮助组织了解顾客需求，达到顾客满意；质量故障信息能揭示产品缺陷和质量管理工作中的薄弱环节，为减少质量损失指明方向。

4）继承性。质量信息具有明显的继承性。例如，组织在长期的生产活动中积累了丰富的质量信息资源，这些资源对后面的工作具有指导和借鉴作用。特别是在进行质量改进活动时，必须利用前期工作所积累的质量信息。继承性还表现在产品质量的追溯性上。例如，水泥产品在使用过程中发生的质量问题可以一直追溯到原材料供应及配料、煅烧、粉磨等生产工艺环节。

5）可加工性。质量信息应通过数据统计和其他科学分析方法的加工而提高其价值。

3. 质量信息的分类

根据分类标准的不同，质量信息可以分为许多类别。

1）按照功能划分。质量信息按照功能划分可以分为质量功能信息、质量评价信息和质量指令信息。质量功能信息是指实物固有的或者在加工过程中表现出来的质量特性，是实物的质量指标及质量状态。质量评价信息就是对质量的评价，能够反映质量是否符合质量标准、差距以及其科学合理性。质量指令信息是指为了管理质量活动而下达一系列指令，如质量计划、质量规划、质量命令、质量要求等。质量功能信息、质量评价信息和质量指令信息构成了在组织中人、物、信息间的基本的信息系统。

2）按照管理层次划分。质量信息按照管理层次可以划分为战略层、管理层和操作层。战略层位于质量管理系统的最高层，质量信息往往与组织的战略、文化相关联，表现为质量战略、质量文化、质量竞争力的培养。管理层是指组织的管理职能部门，对组织的质量工作进行全面协调与管理，包括人员培训、综合质量评审、质量成本综合管理、质量资源配置、质量信息综合分析与处理，根据产品的质量状况制定相应的措施并监督执行。操作层是指位于设计、采购、生产现场、销售和售后服务现场等基层部门的质检站、质量小组、质量数据采集点等，实现现场质量数据采集、质量问题处理、产品符合性检查、现场过程的质量控制。

3）按照信息来源划分。按照信息的来源分类，质量信息可以分为内部质量信息和外部质量信息。内部质量信息主要产生于组织内部，涉及组织质量管理的各个层次，以多种形式表现，如产品设计质量、加工质量、质量决策、质量政策、质量成本等。外部质量信息主要包括国家法律法规（如《中华人民共和国产品质量法》、《质量发展纲要（2011—2020 年）》等）、各类标准、顾客信息、供方信息等。

7.1.2 质量信息的价值

对质量信息进行有效的识别、获取、传递、储存、处理和反馈是一项有意义而又重要的工作，也是提高组织竞争能力的重要途径。现代组织运营中，质量管理的效率与质量信息的管理的效率呈现正相关性。组织每天都会产生大量的质量数据，只有这些数据得到有效采集、分析、应用，才能充分发挥作用，向顾客提供高质量的产品和服务。一致、准确和及时的数据为组织进行质量水平评估、控制和改进提供了实时的信息，从而帮助其实现绩效目标，不断满足顾客需求，获得竞争优势。

组织之所以需要质量信息和绩效数据，主要有以下 3 个方面原因：①质量信息和绩效数据是组织进行战略决策、推进组织变革的重要因素，可以引领组织向正确的方向发展；②可以为组织评估其计划的有效性，从而合理分配管理所需的资源；③帮助组织提供过程运转的效率，保持持续改进的过程。

1. 质量信息的任务

归纳起来，质量信息管理的任务主要表现在以下几个方面：

1）为质量决策提供信息。在制订质量方针目标、质量计划、开展质量评审、质量改进、处理各种质量问题时，要做大量的预测和决策，这些都离不开各种历史和现行的质量信息。质量信息管理的主要任务就是为决策者提供必要的决策信息。

2）调节和控制生产过程。利用质量信息管理系统提供的信息，可以调节和控制生产过程，确保生产出符合质量要求的产品。也就是说，要实现质量信息的闭环管理。

3）为质量的考核和检查提供依据。在质量管理活动中，要经常进行各种检查和考核，质量信息管理系统应能为检查和考核提供各种信息，作为判断优劣、进行奖罚的依据。

4）建立质量信息档案。质量信息管理系统要不断收集、积累各种质量数据，加以分类保存，并提供各种查询手段，要能够及时向各类人员提供所需的质量信息。

2. 质量信息的益处

质量信息是基于事实的决策的基础，良好的质量数据和信息管理具有很多益处，具体如下：

1）来自顾客的信息，有助于组织了解顾客的需求，是否满意当前产品或服务的质量水平，以便满足并致力于超越顾客期望。

2）给予员工工作提供信息反馈，以便于他们验证工作的有效性，及时发现、纠正错误，不断提高工作水平。

3）质量信息是组织进行绩效考评、进行质量激励和惩罚的基础与依据。

4）为组织的绩效评估提供了所需的数据支撑，为评估过程的进展和识别是否需要采取必要的纠正措施提供了手段。

5）有利于通过更好的计划和改进措施降低组织运营成本。

7.2 质量信息的管理

可靠、适当的数据信息是组织进行管理决策、制订战略计划的重要基础。质量数据和信息的管理应该从过程的角度来考虑，对数据及信息的产生、分析和使用工作进行全面的管理。

7.2.1　质量信息管理概述

数据和信息产生、采集、处理和分发方面的活动在组织内外部是一直发生的，但是许多组织都不能有效地、系统地采集恰当的数据，也不能对数据进行适当的分析。原因可能有许多种，如不知道需要什么样的数据，不愿意花时间完成此类工作，或者部分员工害怕暴露问题。

1. 质量信息管理的准则

组织进行有效数据信息管理工作时，应该注意以下管理准则：

1）明确所需的数据和信息，并建立一套综合指标体系。对没有人需要和使用的数据进行收集、分析和处理，无疑是一种浪费。组织应当明确所需要的数据和信息是什么，并建立一套综合的指标体系。这套指标体系应该反映内外部顾客要求以及组织经营的关键因素，覆盖组织的整个运营过程和管理层级，从供应商到顾客，从基础操作工到高层管理者，并支持公司的战略目标的实现。例如，波音公司货运机分部制定了支持公司目标所需要收集的 5 类关键信息，即顾客满意、项目绩效、员工绩效、运营与过程绩效以及财务结果。

2）使用比较性信息，以改进组织的整体绩效和竞争地位。比较性信息包括与直接竞争对手相比较的数据，也包括与标杆组织进行比较分析的数据。企业通过与竞争对手和标杆的比较，能够了解自身现状，明确所处的竞争地位，掌握行业发展前沿；通过与标杆对比，还可以找到组织实施突破和改进的方向，给组织以持续改进的激励。

3）持续改进其信息源，保证数据采集的及时有效。错误的输入必然导致错误的输出，糟糕的数据来源必然会影响组织所使用数据的即时性和正确性。卓越的组织必然会确定所需的内外部信息的来源，并会随着内外部环境的变化而对其不断改进。因此，组织应当定期对数据的来源和应用实施评审和更新，努力缩短数据采集和应用的周期，不断拓宽数据的来源。

4）运用合理的分析工具进行分析，并应用这些分析结果来支持组织的战略计划和日常决策。组织的数据分析能力是组织获得正确信息解释的保障。组织应该学习并使用各种各样的统计分析工具或结构化的工具对数据进行分析与解释，并将其转化为有用的信息。

5）确保信息在组织中得到广泛传递和使用。如同质量活动不仅仅是检验和质量管理人员的活动一样，质量信息也应当确保人人参与。组织内所有过程的所有者都应当参与到各自过程的数据收集、分析和使用当中去，组织应当提供并确保信息在组织内部可以准确、可靠、及时、安全的传递，并为所有需要信息的人员提供快速的数据和信息访问渠道，包括各类软件系统、硬件系统，并致力于它们运转的高效性和可靠性。

6）系统地管理组织的知识，识别并分享最佳实践。在信息量呈现爆炸性增长的情况下，管理信息和知识需要巨大的投入。组织应当分析、识别组织的最佳实践，并通过获得、创造、分享、整合、记录、存取、更新、创新等过程，不断地回馈到组织的知识系统内，形成永不间断的个人与组织的知识循环。

以上这些针对质量数据和信息管理的建议和准则，有助于组织建立系统、全面的质量信息管理系统，并促进组织进行“基于事实的决策”。

2. 质量信息管理的范围

传统上，许多组织进行质量管理工作只是依赖于实物质量数据，如产品的缺陷率、一次交验合格率、返修率等，有些组织可能会采集并使用到过程管理数据，如过程能力指数。然而，在追求卓越绩效的今天，组织需要建立一套更加广泛的、与组织战略目标相一致的信息体系。组织所需的这套体系需要考虑以下因素：

1）覆盖组织内外部经营环境。组织质量工作的成功取决于内外部质量控制的共同努力。组织的质量需求来源于外部顾客，最终致力于顾客的满意；供应商的质量控制水平影响着组织的产品质量水平和生产效率；组织还要承担社会责任，致力于环境保护、节能减排等。

2）应该体现个人、过程和组织 3 个层次。所收集的质量数据能够及时为员工提供所需的信息，帮助个人不断改进；有利于实现过程控制，提高过程效率；能够提供全面评估组织绩效的数据，帮助组织达成战略目标。

3）既包括先行指标，也包括滞后指标。滞后指标反映了已经发生的事情，先行指标则预测可能会发生什么。这两类指标可以帮助组织了解现在，也能够描绘未来。组织习惯使用的财务数据能够真实地反映组织的过去和现在，而员工的学习和培训、组织的创新、顾客的满意度则能够描绘出组织未来发展的潜力和前景。

为了使组织的决策能够满足和超越顾客的期望，最大限度地利用组织资源，除了传统的财务绩效和会计指标外，组织还需要其他方面的数据和信息，包括顾客与市场、供应商、人力资源、产品和服务质量等。

图 7-1 描绘了一个质量数据与信息体系。组织可以在此基础上，根据自身实际，建立和完善相应的体系，形成以质量为驱动关键因素的、与组织战略相一致的质量绩效指标体系。

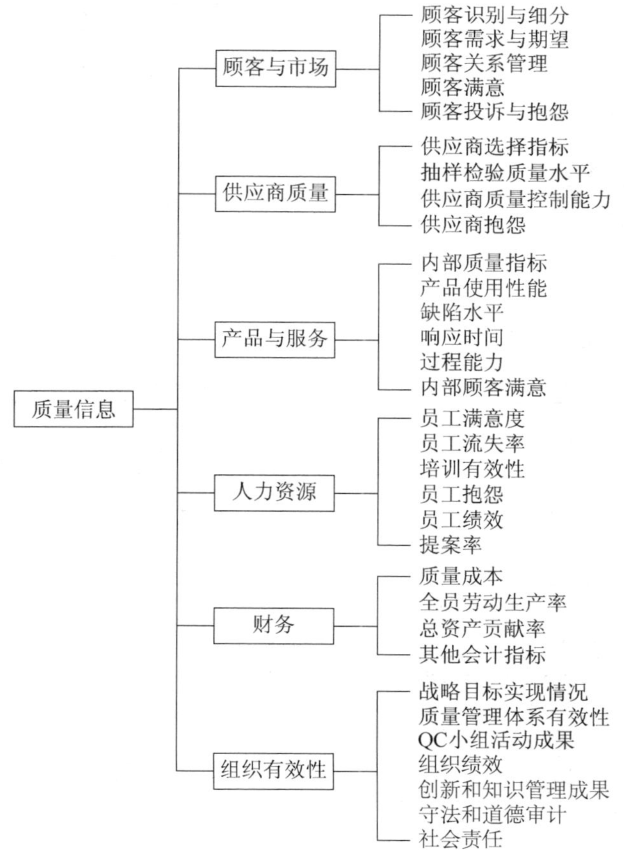

图 7-1　质量数据与信息体系

7.2.2 生产服务质量信息

生产服务是组织的价值实现过程，也是质量的形成过程，是组织运营关注的重点。

1. 生产服务过程的质量信息及来源

生产服务过程中的质量信息烦琐且复杂，信息量大，流动性强，涉及部门广，在组织的各类质量信息中首屈一指。对于生产服务过程中的质量信息，可以按在产品生命周期的不同阶段进行分类分析，寻找可能的信息源。表 7-1 对普遍的生产过程进行了分析，给出了具有代表性的质量信息及其来源。

生产服务过程中的质量管理工作涉及质量管理、设备维护、材料、人、工艺和环境等多个方面。质量信息也贯穿了市场营销、科研开发、生产制造、售后服务等一线生产服务部门，同时需要得到技术管理部门、人力资源管理部门、财务管理部门以及高层管理者的支持。

表 7-1　生产过程质量信息表

阶段	信息	可能的主要负责部门
产品策划的质量信息	客户需求分析信息	质量管理、市场营销、信息管理
	产品市场定位信息	市场营销、信息管理
	产品开发和生产能力状况	科研开发、技术管理、生产管理
	产品成本预算	质量管理、财务、开发、生产
	产品开发计划	科研开发、生产
	产品生产计划	科研开发、生产
	产品营销计划	市场营销
	产品策划人员信息	人力资源、开发
	其他有关信息	
产品开发的质量信息	产品的技术指标信息	质量管理、技术管理、生产、开发
	产品设计方案信息	技术管理、生产、开发
	开发任务分解信息	技术管理、生产、开发
	开发过程控制信息	技术管理、生产、开发
	重要部件或关键工序质量控制方案	质量管理、技术管理、生产
	样品技术指标测试信息及分析报告	质量管理、技术管理、生产
	样品总体测试信息和分析报告	质量管理、技术管理、生产
	产品改进信息	质量管理、技术管理、生产
	产品设计图样和技术要求	质量管理、技术管理、生产
	产品设计人员信息	人力资源
	其他有关信息	
产品生产检测的质量信息	产品生产任务书	技术管理、生产
	产品图样及技术要求	技术管理、质量管理
	原材料质量情况	采购、生产
	生产设备准备、保养情况	生产

续表

阶段	信息	可能的主要负责部门
产品生产检测的质量信息	生产流程方案	生产、技术、质量管理
	生产过程总体质量控制方法	质量管理、生产、技术
	关键件和关键工序的质量控制情况	质量管理、生产、技术
	部件或单元件的检测信息	质量管理
	装配调试信息	生产、质量管理
	产品验收信息	质量管理
	不合格品分析报告	质量管理
	检测数据统计分析报告	质量管理
	生产人员信息	人力资源、生产
	其他有关信息	
产品市场销售中的质量信息	产品市场营销策略	市场营销
	产品市场开发计划	市场营销
产品市场销售中的质量信息	产品市场销售情况	市场营销
	顾客信息及分析报告	市场营销、质量管理
	顾客反馈信息	市场营销、质量管理
	竞争对手销售情况及市场战略	市场营销、高层主管
	竞争对手产品质量状况分析	市场营销、质量管理
	产品销售改进策略	市场营销、质量管理
	其他有关信息	
产品服务的质量信息	产品维修记录及分析报告	质量管理、服务
	产品寿命、报废等信息	质量管理、服务
	质量问题导致的索赔情况	质量管理、服务
	其他有关信息	
相关的质量信息	产品质量成本分析	质量管理、财务
	企业员工的质量培训及效果情况	人力资源、质量管理
	企业质量管理体系建设情况	质量管理、企业管理
	产品的质量监督抽查情况	质量管理
	产品质量有关的国家政策、法令法规等	信息管理、质量管理
	产品质量综合分析报告	质量管理

2. 生产过程中质量数据的采集

（1）质量数据的采集方式

这里所指的质量数据便是需要实时采集和管理的数据，主要来自对零件和产品的检测和对制造过程的监控。常用的质量数据采集方式主要有以下 3 种类型：

1）自动检测。自动检测是利用计算机控制的全自动测试仪器，对产品或生产线的状态进行检测（见图 7-2）。自动检测可以实现质量数据的自动采集及处理。检测装置与生产设备的控制系统相连接，可将分析结果自动传输到生产设备控制装置，从而实现闭环的质量控制。

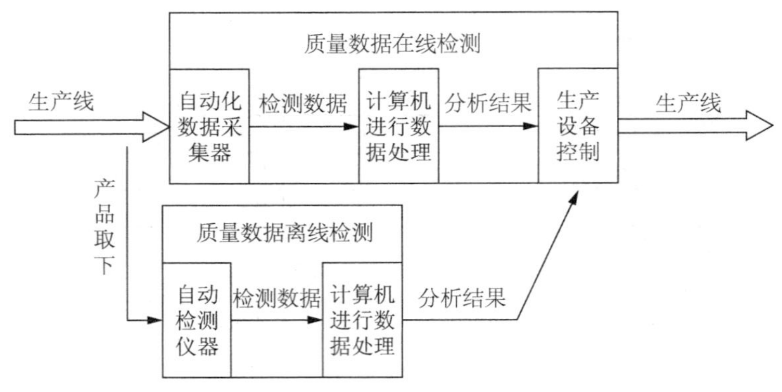

图 7-2　自动检测采集方式示意图

自动检测的方式可以分为在线和离线两种。所谓在线检测，是指在不间断生产的条件下，对过程状态和产品质量进行数据采集；所谓离线检测，需要将产品从生产线上取下，在独立的检测岗位上进行测量。

2）半自动检验。所谓半自动检验，是指检验活动是由手工来完成的，而信息的输送和数据的处理是通过计算机系统来实现的。例如，用数据线与数据处理器相连接的数显千分尺等。检验人员在检验过程中使用千分尺来检验零件的尺寸，检验的信息直接通过数据线自动输入数据处理装置存储起来。如果需要，系统可以按照各种统计数据处理方式对数据进行处理，并将处理结果显示出来。必要时，通过与生产控制系统的连接，可以构成近似闭环的控制方式。

如今半自动检验已经广泛应用于尺寸的测量、几何参数、表面粗糙度、质量、力、硬度等检验方面。该方法应用最广的就是在计算机辅助检测系统。

3）手工检测。所谓手工检测，就是利用各种手工计量工具对产品或工件进行检测，或采用目测的方法来观测生产系统的状态。检测人员需要目测计量仪器的仪表盘，将读数记录下来，然后进行手工分析处理，或者将数据输入计算机进行加工处理。这种方式简单、经济，但花费时间长，精确度不高，容易出现误差。

（2）需采集的质量参数

在制造过程中，为了控制生产系统的运行状态，需要检测生产系统中各个方面的质量参数。

1）热工量。它包括温度、流量、热量、真空度、比热容信息等，目的是确认工具的磨损情况、设备的运转是否正常、环境温度是否符合生产条件等。

2）电工量。它包括电压、电流、功率、电阻等信息，目的是检测电气设备的运行状况。机械设备的工作状态也可以通过对电工量的测量来检验。

3）机械量。它包括位移、速度、应力、力矩、质量、振动、噪声、平衡、计数等。通过机械量的测量，可以确定零件加工的精度（位移、速度等）和设备运行的状态（机械振动、噪声情况）。

4）成分量。它包括气体、液体和固体的各种化学成分、浓度、密度等。

5）几何量。它包括几何尺寸及误差、几何形状等。

6）其他参数，如零件重心、硬度、表面纹理等也需要收集检测。

3. 生产过程中质量信息的处理

（1）预处理

质量信息的预处理是指对测量数据进行消除误差的处理。测试过程中测量误差的存在，会影响质量数据的可靠性。因此，必须采取措施减小甚至消除测量误差，以提高质量控制的确定性和可靠程度。

误差一般包括系统误差、随机误差和粗大误差 3 种。

系统误差是指在测量的一系列测量结果中，其测量误差值的大小和方向是保持不变的或是按一定规律变化的误差。它通常是由固定的或按一定规律变化的因素造成的。要消除系统误差，首先要识别是否存在系统误差及其变化规律。识别系统误差的方法包括实验对比法、误差观察法、剩余误差校核法、计算数据比较法等，对于存在系统误差的情况，一般根据系统误差的类型，采用不同的误差消除方法。根据误差形成的原因不同，一般可分别采用标准量代替法、消除平均斜率法或最小二乘法消除。

在同一条件下对同一被测量进行多次重复测量时，各测量数据的误差值或大或小，或正或负，其取值的大小从表面看来似乎没有确定的规律性，是不可预知的，这类误差称为随机误差，也称为偶然误差。随机误差即为随机变量，服从统计规律，可以用统计的方法做出估计。处理随机误差的关键是确定其分布参数，并设法减小标准误差。减小标准误差的方法包括平均值法、排队剔除法和数字滤波法。

粗大误差是指超出正常范围的大误差，也称为过失误差。一般粗大误差是由测量中的失误造成的。例如，计数或记录错误、操作不当、突然的冲击振动等，都可使测量结果产生个别的大误差。由于粗大误差使测量数据受到了歪曲，因此应当剔除。

（2）质量信息的统计处理

在消除误差以后，对质量信息可以进一步地进行统计分析处理，最大化地利用信息效益。依据统计技术在质量信息分析中的用途不同，可以做以下分类介绍：

1）用于产品的开发设计。这类方法包括质量功能展开（QFD）、试验设计等。

2）用于质量问题的分析。这种统计方法比较多，包括分层法、排列图法、因果图法、调查表法、散布图法等。

（3）工序过程控制

用于工序过程控制的方法包括控制图法和直方图法。控制图法通过对生产过程中产品质量数据的统计分析，对生产过程是否处于稳态进行分析判断。一旦发现系统处于不稳定状态，出现质量问题的概率就会大大增加，说明在生产过程中一定出现了什么非正常因素，这时就要对生产系统进行分析和调整，从而预防不合格品的出现。

7.2.3　质量成本信息

组织经营的根本目的在于取得效益，效益的最直接体现形式便是经济利益。质量管理活动必须能够展示出为组织带来的经济效益，才能够获得足够的关注。质量工作给组织带来的经济效益可以体现在两个方面：一方面是收入的增加。高质量的产品提升了组织在市场中的竞争能力，可以赢得更多的客户，提高市场占有率，增加经营收入；另一方面是成本的节约。高效地开展质量管理工作可以减少废品、不合格品带来的报废或返工损失，也可以节约因顾客抱怨、投诉而带来的一系列费用开支，从而减少成本。质量成本一般由以下 4 部分构成：

1）预防成本。它是为避免或减少不合格（如质量事故）而投入的费用。

2）鉴定成本。它是为了评价是否存在不合格而投入的费用，如试验、检验、检查和评审等费用。

3）内部损失成本。它是在产品或服务提交客户以前，出现的不合格品被检查出而构成的损失，如产品的返工、重新鉴定或报废等带来的损失。

4）外部损失成本。它是产品或服务提交客户后出现不合格构成的损失，如保修、退货、折扣处理、责任赔偿等费用。

其中，各组成部分包含有众多的具体项目，表 7-2 列出了一些常见项目。

表 7-2　质量成本包含的项目

成本名称	项目
内部损失成本	废品损失、返工损失、复试费用、停工损失、产量损失、处理费用
外部损失成本	申述受理费用、退货损失、保修费用、折让费用
鉴定成本	来料检验和试验费用、保持检验设备精确性费用、耗用的材料和劳务、存货估计费用
预防成本	质量计划工作费用、新产品评审费用、培训费用、工序控制费用、收集和分析质量资料费用、汇报质量费用、质量改进计划执行费用

质量成本是构成产品成本的因素，质量成本的变化必然引起产品总成本的变化。人们往往认为高质量必然伴随高成本的观念是错误的。高质量可能需要投入较高的预防成本和鉴定成本，然而质量损失成本的减少使得总质量成本不会大大增加，甚至使总质量成本减少。为了使总质量成本最佳，朱兰博士提出了最佳质量成本问题。

产品的合格品率会随着预防成本和鉴定成本的增加而增加，内部损失成本和外部损失成本会随着质量保证成本投入的增加和合格品率的上升而减少。因此，总质量成本曲线呈现出 U 字形，如图 7-3 所示。

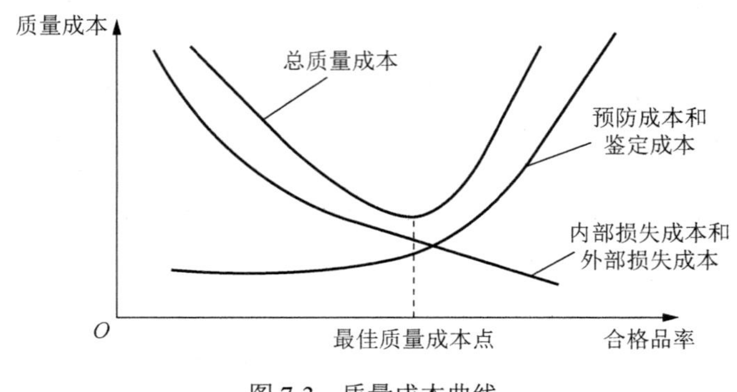

图 7-3　质量成本曲线

从图 7-3 中可以看出，存在一个最佳质量成本点，即总质量成本曲线上的最低点。要想提高质量效益，必须了解组织中正在发生的质量成本，控制将要发生的质量成本，这就需要有准确或基本准确的质量成本信息。

1. 质量成本的信息源

组织日常管理中可能产生的质量成本信息存在于以下方面。

（1）质量管理部门中的质量成本信息

质量管理部门负责组织整个质量成本管理的推广、建设，并与财务部门一起具体落实质量成本具体的科目。此外，质量管理部门还负责监督检查其他部门的质量工作，负责质量成本信息的收集、汇总和分析。但在质量成本管理中，质量管理部门不能仅仅盯住其他部门的质量问题不放，由于自身工作的失误，质量管理部门中也存在质量成本问题。

在质量管理部门中，质量成本信息有可能存在于下列活动的缺陷当中：①质量管理方案的缺陷；②质量监督中的缺陷；③质量问题解决措施的不完善；④纠正和预防效果不佳；⑤质量管理建设中的缺陷，包括对质量因素认识的欠缺、内部质量审核不规范、质量管理体现文件的缺陷、质量教育不够完善等。

以上过程都会给组织带来一定的质量损失，从而引起质量成本信息。

（2）采购部门中的质量成本信息

采购部门在采集原材料、零部件或器具的过程中，由于工作的缺陷，会给组织带来质量损失。这些损失不仅仅表现于采购物品不合格带来的损失，还表现在由于未及时送货造成的损失、物品降级使用带来的损失，甚至由于未按照程序签订合同造成纠纷带来的损失等。

采购部门的质量成本信息归纳起来主要来源于以下方面：①采购中的不合格品带来的质量成本，包括检验成本、检验出不合格品造成的损失、未检验出的不合格品给下道工序带来的质量损失；②对供应商进行评审的费用，以及供应商质量保证能力不能达到企业要求而给企业带来的损失；③签订合同未按照相关程序，由此造成的纠纷给企业带来的损失；④采购部门工作程序文件不全或管理不善，采购文件存在缺陷或版本未及时更新。

（3）开发设计部门中的质量成本信息

设计过程中如果存在质量问题，会给产品带来“先天不足”，引发生产制造过程、售后服务过程中的一系列质量问题，造成巨大的质量成本。

开发设计部门中的质量成本信息主要存在于以下过程：①在对市场进行分析的过程中，客户需求理解不准确、不全面；②在对产品进行技术设计的过程中，未能准确或全面地将客户需求转化为对产品的技术要求；③开发设计过程中未能有效地实施设计评审，设计输出存在技术性缺陷，给后续的生产制造和经营活动带来困难；④评审中的非技术性缺陷，包括技术文件传递错误等；⑤开发设计部门工作程序文件不全或管理不善，采购文件存在缺陷或版本未及时更新。

（4）生产技术与制造部门中的质量成本信息

生产技术与制造部门负责生产技术的管理、准备和整个生产制造过程，任何一点的疏忽都会导致废品、废料的出现，甚至重大安全事故的发生。

生产技术与制造部门的质量成本信息多发生于下列方面：在生产技术准备或生产制造中没有严格遵守相关程序，出现生产技术准备或生产资料准备不合格，生产工序被随意变更造成生产过程不协调；生产过程中出现工作失误，包括操作人员的操作失误、机器故障、原材料有缺陷以及工作环境造成的质量问题等；工作程序文件不全或管理不善，采购文件存在缺陷或版本未及时更新。

（5）销售和售后服务部门的质量成本信息

销售和售后服务部门多与客户打交道，对质量成本问题影响很大，尤其是外部损失成本。

销售和售后服务部门的质量成本信息多体现在下列方面：因不合格产品流入销售渠道，由此而引起维修、退货及索赔造成的损失；在生产销售时未能及时提供技术指导，导致在产品的运输、安装、使用过程中由于错误的使用方式而出现质量问题，造成经济损失；售后服务过程中未能为顾客提供及时的服务，造成顾客的不满、抱怨、投诉而带来的损失；工作程序文件不全或管理不善，采购文件存在缺陷或版本未及时更新。

以上分析指出了组织在生产经营中可能发生质量问题的工作过程，由此可能产生质量成本信息。组织可以在此基础上，根据自身情况对业务流程进行分析，挖掘质量成本数据，设立合理的质量成本项。

2. 质量成本数据采集

开展质量成本管理，必须做好质量成本数据的采集。组织内部可以采用多种方法进行质量成本数据的采集。下面着重介绍 4 种应用广泛的方法。

（1）传统方法

朱兰博士第一次谈论质量成本问题时提到，传统方法是最为常用的一种数据收集方法。这种方法利用组织内部已有的各种数据，如标准财务会计信息。一般来说，采用这种方法，要遵循以下步骤：

1）高层管理者必须重视和支持质量成本管理，使得质量专家能够方便地得到财务会计等方面的数据以便准确地计算全面质量成本。有了质量成本信息，高层管理者就有希望看到“矿中黄金”，进而顺利地开展质量成本管理。

2）一旦高层管理者决心开展质量成本管理，就需要决定已有数据的类型、数量和质量。根据质量成本的分解和追踪水平不同，不同的组织有不同的方法。

3）根据成本分类组织和分解成本，使用表 7-3 和图 7-4 中的质量代码定义账目和分类有助于完成成本分类组织和分解成本。除非组织有成熟的质量计划，否则一定要使用质量成本分类。

4）按月或周报告成本分类数据。

表 7-3 质量成本账目代码

账目代码	说明	账目代码	说明
1×××	预防成本	3×××	内部损失成本
11××	质量计划工作费用	31××	废品损失
12××	供应商评价费用	32××	生产返工损失
13××	培训费用	33××	供应商返工损失
14××	质量控制费用	34××	设计缺陷损失
15××	质量控制小组费用	35××	复试和再检验费用
2×××	鉴定成本	36××	额外操作费用
21××	内部产品检验费用	4×××	外部损失成本
22××	校正和维修费用	41××	质量担保费用
23××	外购产品检验费用	42××	质量保修期外费用
24××	专项的测试和审核	43××	消费者服务费用

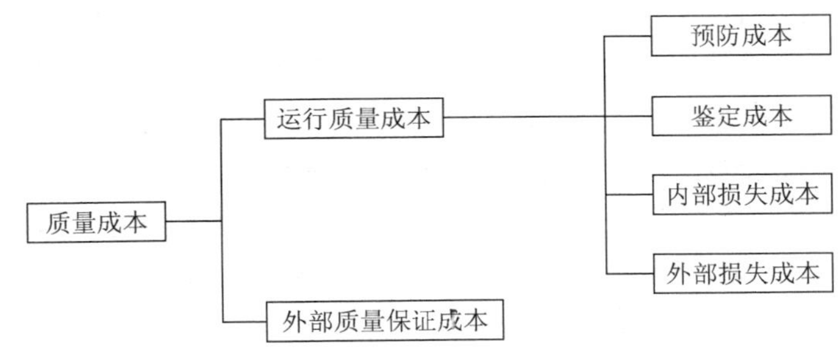

图 7-4 质量成本分类

传统方法的优点如下：①由于大多数组织拥有专业的财务部门进行财务、金融数据的收集、统计、分析，因此这种方法运用起来比较简单。②初次进行质量成本管理的组织可以暂时先利用此方法向高层推荐质量成本管理思想。③不论组织的规模大小和具体类型，传统方法具有普遍适用性。④使用这种方法能够快速地估计组织的全面质量成本。⑤仅需很少的维护。

当然，传统方法也有一些缺点，具体如下：①利用这种方法很难收集非增值成本数据。财务会计部门一般不收集这方面的数据，按财务会计标准收集的失效成本数据和全部数据相比只是冰山一角。一般来说，由于质量问题而带来的质量损失在财务上反映为销售额的5%～8%，财务不能反映的损失占15%～20%。②如果决定要采用已有的数据收集系统，而它又有某些缺陷，则质量成本系统必然是有缺陷的。

（2）缺陷记录收集方法

缺陷记录收集方法有时与传统方法结合起来使用。当然，也有一些组织单独使用这种方法并且获得了成功。这种成功是与许多组织广为人知的缺陷记录/追踪系统分不开的，而最有效的组织都是拥有成熟缺陷记录/追踪系统的组织。使用这种方法也要遵循一定的步骤：

1）明确组织内当前收集到的缺陷记录是怎样的。如果它们是由一个系统收集到的，那么这个过程就比较简单。当然，如果不止一个系统，缺陷数据也能收集得到。

2）一旦收集系统确定，就要确定平均缺陷成本。根据组织复杂程度的不同，这是一个简单的问题。下面几个步骤可以用来采集平均缺陷成本：①与缺陷文档一起提供一份日志或时间表格，这需要出现缺陷的工人记录更正他们那部分缺陷所需的成本；②在缺陷发生的领域用较好的统计样本来做第一步。例如，如果一个企业有几个出现缺陷的领域，日志表就需要送达每个领域；③如果不想使用日志表格，也可以通过逐一审查缺陷记录来进行评估，并且记录下修复缺陷所需的时间。虽然这样可能比较精确，但是需要耗费大量的时间，所以这种做法并不值得鼓励。

3）每个缺陷的平均成本确定之后，缺陷数与缺陷的平均成本相乘即可得到总缺陷成本。

4）如果一个组织已经拥有了一个好的缺陷代码系统，就可以较为简单地把缺陷代码转化到质量成本目录中去。

5）每天或每周可以使用和更新一个简单的表格去展示缺陷数和最大的质量成本成因。

图 7-5 和图 7-6 描述了如何利用成本数据和趋势数据做出有把握的决定。例如，仅看图 7-5，一个团队可能会做出决定去解决焊接问题，然而图 7-6 表明材料问题耗费了焊接问题 3 倍的资金，这就是质量成本分析的作用。拥有缺陷和成本两方面的数据可以使管理层更加胸有成竹地做出决定，解决那些能够给组织带来最大回报的问题。注意，还有一些其他因素需要考虑，如顾客满意和监督或者规格兼容问题。

缺陷记录收集方法的优点如下：①为管理层提供另一种看待质量成本的方法；②可以利用原有的缺陷收集系统提供绝大多数的数据；③只需要很少的时间去收集成本数据；④有利于向高层管理说明质量成本系统的重要性。

缺陷记录收集方法的缺点如下：①与传统方法一样，也不能收集非增值成本；②如果单独使用，只能收集失效成本。

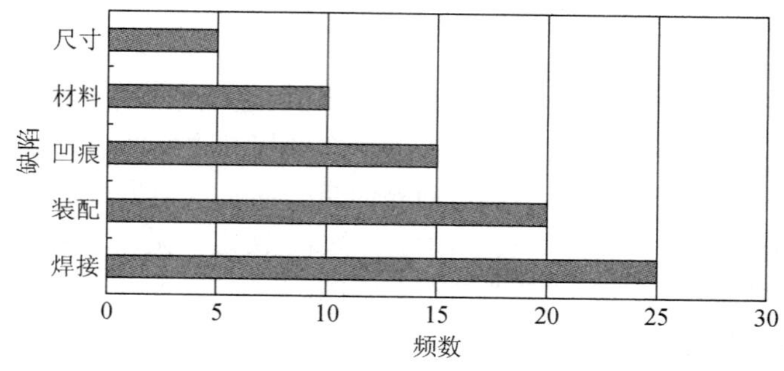

图 7-5　缺陷发生的频数

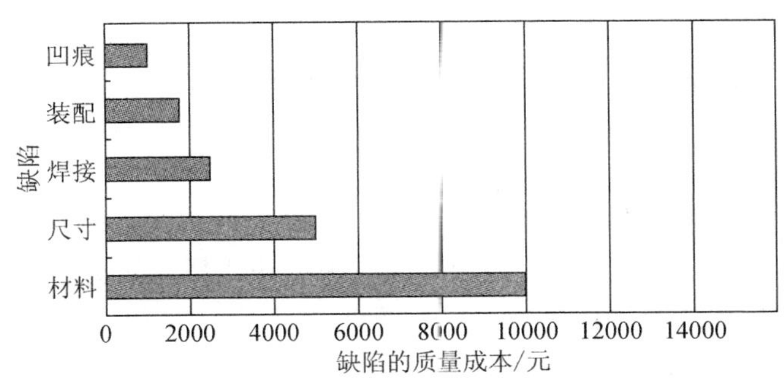

图 7-6　利用质量成本做决策

（3）考勤收集方法

研究表明，这可能是一种最不常用的方法。然而，应用了这种方法的组织成功地理解了全面质量成本。使用这种方法可以遵循以下步骤：

1）像其他方法一样，这种方法也需要得到高层的支持。然而，这种方法需要的不是被动的支持，而是要得到他们的全面支持。

2）明确所使用的时间收集系统的类型。大多数的组织使用自动化的系统。经验表明，只要员工能够在任何方便的时候与场合灵活地收集时间数据，收集系统就能得到很好的使用。

3）为员工设计一个可管理的质量代码列表，以便他们用来记录时间。

4）当员工负责这些代码的时候，向员工培训预防、鉴定、失效及相关代码这些概念。

5）开发一个数据收集系统去收集时间数据。

考勤收集方法的优点如下：①全面收集质量成本；②员工能够更好地理解质量成本的概念；③使员工意识到他们的工作与质量有关；④使员工更好地融入过程中去；⑤如果员工接受了较好的培训和监督，就能收集到最准确的数据。

考勤收集方法的缺点如下：①比其他方法更加需要高层领导的支持；②需要培训所有的员工，以使他们正确地使用质量成本的概念；③需要大量资金的支持；④需要管理员维护数据库和审查确认成本数据正确地得到收集。

（4）评估方法

开展质量成本计划的初始阶段经常包括评估方法，以便帮助估计组织的质量成本。研究表明，虽然一些组织把评估方法作为收集数据的首要方法并且取得了不错的成效，但实际上，在一般的组织内部，评估方法不作为一种主要的方法。在使用这种方法时，需要注意下述一些事项：

1）这种方法与其他方法一样，同样需要高层领导的支持。

2）需要确定组织正处于质量成本管理的何种阶段。如果是处于初始阶段，就需要关注内部缺陷成本和外部缺陷成本；如果已处于比较成熟的阶段，就要遵循以下 3 个步骤：①重点对内部缺陷成本和外部缺陷成本中的浪费和非增值过程成本进行测定；②把缺陷成本评估和组织评审成本测定结合起来；③把预防成本加到其他 3 类成本中去。

3）一旦确定了组织所处的阶段，就需要挑选使用这种方法的团队成员。团队成员需要理解被评估部门的运作、活动及过程。

4）培训所有的参与人员，不仅包括评估者，还包括所有被评估领域的管理人员。评估完成时，能够确信被评估部门的人员能够理解怎样去解释数据和结果，并且能够采取正确的措施，这一点是非常重要的。

5）选择正确的领域和合适的数目进行评估。如果有太多的领域被评估，但不能始终坚持，这无异于浪费时间。因此，选择适当的领域进行评估是非常重要的。

6）收集信息。常用的收集信息的方法是调查和面谈。这两种方法都比较有用，通过观察工作过程然后与工人一起讨论，会取得更有效的成果。

7）形成报告，按照成本代码分类组织结果。

评估方法的优点如下：①在一段时间内集中关注一个领域，其他的方法是在组织内部同时在多个领域采集数据，如果每个人都关注几个领域，那么其他领域就会被忽视，这样可能得不到正确的数据；②改进措施实施之后，可以比较容易地采取另一种评估来确认改进措施实施得是否成功；③不需要培训太多的员工；④不需要研发正式的数据收集系统。

评估方法的缺点如下：①不需要培训太多的员工既是一个优点也是一个缺点，因为有时候很难预料一个参与者的水平；②这种方法比较费时，并且在整个组织内推广时需要耗费大量的成本；③一些员工在被评估时可能会有受到胁迫的感觉；④调查并不总是准确的。

3. 质量成本信息的处理

当组织比较全面、准确地掌握了质量成本信息后，便可以对质量成本进行进一步的管理和分析，为决策提供帮助，体现出质量管理的效益。

（1）质量成本核算

质量成本的核算是质量成本分析、制订质量成本计划、开展质量成本控制的基础，是质量成本管理的重要内容。

质量成本的核算首先要根据质量成本信息设立质量成本科目，然后建立相应的核算体制。现有的核算体系主要有两种：质量成本会计核算体制和质量成本统计核算体制。无论是哪种体制，对质量成本的核算过程都是一个质量成本信息持续不断的收集、统计的过程。

（2）质量成本信息的分析与运用

通过分析加工收集的质量成本信息，可以得到许多有用的数据，反映出质量管理工作的效果。在此对质量成本信息的分析与运用做简要的介绍，有兴趣的读者可以查阅相关质量成本管理专著。

运用一：质量成本的预测分析。根据质量成本的历史数据，通过绘制趋势图、时间序列图，以及采用回归分析等分析方法，可以对企业的质量成本进行预测。纵然由于多种因素的影响，这种预测可能不太准确，组织可以根据实际情况对预测结果进行修正，使其比较准确。

运用二：质量损失成本分析。通过对质量损失成本信息的分析，以及对质量损失信息的追溯，组织可以找出发生质量损失的原因，采取相应的对策以减少质量损失。在质量损失成本的分析中，质量损失成本总额和质量损失成本的差异是比较重要的质量信息。

质量损失成本总额可以反映质量管理不善对组织造成的经济影响，为管理者敲响警钟，引起他们对质量管理工作的重视。通过对质量损失成本中各个组成部门所占比例的分析，如内部损失成本占总成本的比例、外部损失成本所占比例，可以为组织的下一步质量改进工作指明方向。

质量损失成本差异是指实际发生的质量损失成本与计划的质量损失成本的差异。这种差异有可能发生在正方向，即实际成本小于计划成本；也有可能发生在反方向，即实际损失成本超过了计划值。质量损失成本的差异为组织提供了了解质量管理效果的途径，还反映了产品的质量状况。因此，在利用质量成本信息计算出质量损失成本的差异后，组织一定要寻根溯源，找到产生差异的根本原因，为持续改进提供依据。

7.2.4 供应商的质量信息

组织越来越专注核心业务，而将大多数非核心业务外包出去。因此，每个组织都需要从外部采购大量的原材料、零部件、半成品甚至成品，这些外购件的质量对最终产品的质量有直接的影响。对供应商质量进行有效的管理是组织质量管理工作的一个重要组成部分。

在西方国家，组织是通过供应商质量保证体系来控制外购产品质量的。这套体系一般包括供应商的选择、供应商质量保证能力的评估和供应商产品质量保证程序 3 个部分。通过对供应商质量保证能力的评估来确认供应商是否有提供可靠的、可以满足用户要求的产品的制造能力，并拥有不断改进和提高的能力。对供应商质量信息的采集、分析、管理是进行上述工作的依据。同时，组织也通过信息的传递来协调供应链管理。

1. 供应商的选择

不同的供应商选择方式需要的信息是不一样的。在早期的采购管理中，组织在选择供应商时往往更加看重价格、信誉和供货期，而不在乎供应商的质量保证能力。无论是采取公开的招标，还是独自与供应商洽谈，组织最希望得到一个最低的价格。而实际上，最终成为组织供应商的也往往是那些出价最低的。因此，在这种理念指导下的供应商选择，所需的是供应商的价格信息（如底价）、供货期信息（能否及时供货）和信誉。

然而，这种选择方式或许会让组织付出较少的采购成本，但随之而来的质量问题让使用成本大大增加。不合格的产品会给生产服务过程带来严重的不良后果，如生产的中断、增加库存成本、引发最终成品的质量低下等。一个不合格的供应商是引发此类问题的根源。因此，有必要对供应商进行全面的评价，将供应商的质量信息纳入评价体系当中。

如果将供应商的质量管理的概念从产品质量扩展出去，供应商的供货能力、市场信誉、按时交货的保证以及供应商的财务状况等都可以视为供应商质量的组成因素。那么，对供应商的评价和选择就主要依据两大因素：质量和价格。一般而言，价格信息是比较明朗、易于收集和分析的。而供应商的质量信息则是比较复杂的，在不同的行业、企业、产品需求以及不同的环境下，对供应商的质量要求是不一样的。但是，一般都应包括组织的基本信息、产品质量信息、质量保证能力、服务质量。

2. 外购件质量信息分析

在实际操作中，组织（尤其是广大中小型组织）对供应商质量保证能力信息的收集是比较困难的。组织往往无法深入了解供应商的质量管理情况、工序控制能力、制造过程质量管理情况等信息。一般仅仅局限于了解一些比较直观的信息，如是否通过了质量管理体系、是否通过相关认证等。在此，组织可以充分利用进货检验信息了解同一供应商的供货质量分布情况，从而掌握供应商的质量控制动态。

1）利用直方图了解供方质量控制情况。对于外购件的质量检验信息，尤其是对连续采购的零部件，应当进行详细的记录，而不是仅仅记录合格数量和不合格数量。组织可以针对每次进货的质量检验信息进行详细的记录，记录下每次抽检中的外购件的详细质量信息，绘制出直方图，从而反映出整批外购件的质量分布情况，以及不同批产品之间的质量变化。

2）计算质量供应能力指数。质量供应能力指数 C_S 是将质量供应能力与质量要求联系起来，用来定量反映供应商质量供应能力的大小。

根据质量检验信息或质量分布图，计算样本数据的均值 $\bar{x}$ 和标准差 S，进而计算得到供应商质量供应能力指数。计算公式为

$$C_S = \frac{|\text{靠近的公差限} - \bar{x}|}{3S}$$

计算质量保证能力指数的目的在于对供应商的质量保证能力进行分析，以便对供应商做出公正、合理的评价。

利用直方图对外购件质量分布进行分析，可以定性地分析供应商质量保证能力；计算质量保证能力指数是定量的分析。这两种方式可以弥补企业对供应商质量保证能力信息采购困难所带来的分析不足。

3. 采购商——供应商的信息交流

信息在供应商的管理中起到协调和控制作用。为了更好地掌握供应商的质量信息状况，可以采用多种形式与供应商进行信息交流。

（1）合作伙伴与战略联盟

企业（采购商）与供应商建立合作伙伴关系或战略联盟，谋求共同获益、共同发展，双方是一种双赢的关系。合作伙伴关系建立的前提是要找到优秀的供应商，组织无法与一个不合格的供应商建立起合作伙伴关系。组织一旦找到一个优秀的供应商，与之共同前进就可以产生巨大的竞争优势。组织要像对待顾客一样珍惜他们，可以与他们一起研发新技术、开发新产品、尝试新的管理方法。在这些合作中，与供应商的信息共享是新型关系与传统关系的最大区别。

（2）信息共享

信息共享可以使组织参与供应商的质量管理活动。在供应商评价中，最难收集的莫过

于供应商的质量保证能力信息。而信息的共享不仅可以使企业获得此类信息，还可以参与供应商的日常质量管理活动，实时监控供应商的质量控制情况。同时，组织可以根据自己的需要帮助供应商提高质量控制能力，从而提高自己的产品质量水平。

信息共享可以使供应商及时了解组织的需求信息，从而做到有的放矢。通过信息交流，供应商可以及时、准确地了解组织对质量、时间、技术等的需求。通过参与组织的产品开发、技术管理和市场研究，供应商可以深刻地了解客户的需求，从而改进、提高自己的产品质量，增强自身的柔性。

信息共享有助于供应商/客户关系协调。在供应商-企业系统中包括各种制度、存储系统、运输系统、销售系统。管理这些系统中的任何一个都涉及一系列复杂的权衡问题。为协调供应链的这些方面，必须获得大量的信息。信息的共享不仅可以帮助协调这些系统，还可以节约成本。

在研究供应商与企业间信息的共享当中，人们往往认为这主要是采购商的事。其实，信息交流是双向的，为了搞好供应商与企业间的质量管理，双方都应做出努力。

7.2.5　顾客与市场信息

组织依存于顾客，顾客满意是组织生存和发展的基础。顾客与市场信息作为对组织生产工作具有指导性的信息，在外部质量信息中占据比较重要的地位。顾客与市场信息（需求信息）是质量链的起点，是质量信息的输入；同时，顾客与市场信息（顾客满意信息）也是质量链的终点，是输出。整条质量链（包括市场调研、新产品策划、产品设计、产品制造、产品销售服务）通过顾客与市场形成一个闭环，并根据顾客与市场需求的不断提高而不断改进。因此，一个致力于实现卓越的组织必须努力赢得顾客满意。

实施客户满足战略，必须注意使顾客满意的 5 个环节：识别顾客、调查需求、满足需求、满意度调查、不断改进。其中，主要的质量信息便是需求信息和满意信息。

1. 顾客需求信息

费根堡姆认为，质量是由顾客来判断的，而不是由工程师、营销部门或总管理部门来确定的。顾客将根据他的实际经验与要求对某种产品或某项服务做出判断。因此，费根堡姆认为质量就是产品和服务能够满足顾客的期望。为此，组织必须先要明确自己的顾客是哪些，以及这些顾客对产品或服务的需求和期望是什么。

（1）顾客对质量的期望

如今，顾客越来越在市场上占据统治地位，他们对产品的要求也越来越高，特别是在经济性、安全性、售后服务能力和可靠性上。这种要求对制造业形成了不断提高产品质量的压力，主要表现在对产品性能、产品使用寿命和使用费用、环境健康质量等方面的期望。

（2）顾客需求向质量要求的转化

组织需要将顾客的需求转换为产品和服务的质量要求。根据顾客的期望，组织应当可以将这些需求信息转换为以下质量信息：

1）产品外形、尺寸规格和操作特性要求信息。

2）产品使用寿命和可靠性目标。

3）有关的标准。

4）设计、制造和质量成本。

5）生产条件和技术要求信息。

6）产品现场安装、维护保养和售后服务目标。

7）能源消耗和环境保护要求。

8）健康、安全要求。

9）使用成本要求。

在具体的新产品策划和设计中，组织可以运用质量功能展开（Quality Function Deployment，QFD）将顾客的需求转换为产品、服务和工艺。

2. 顾客满意信息

顾客满意是指顾客需求被满足的程度。顾客满意度管理是一种新的管理方式，它要求组织从一开始就以满足顾客需求为目标，调动一切资源和手段，力求达到顾客的满意。顾客满意的目的不仅仅使顾客满意，还要提升顾客的忠诚度。顾客满意是顾客对产品或服务是否达到要求的评价。它有可能是好的信息，如用户满意，也有可能是不好的信息，如顾客投诉与抱怨。做好顾客满意工作，不仅要对顾客的信息进行收集、分析，更需要高度重视那些不满意信息，及时化解顾客的抱怨。

由于行业、产品和服务的不同，顾客满意信息的内容也是不一样的，但大多包含以下内容：

1）产品质量的反映。产品是顾客进行消费的主体，客户对产品的样式、规格、功能、使用方便性、可靠性、安全性以及环保性能的感知感受，是顾客对产品质量最直接的评价。收集顾客关于实物的质量信息，是企业改进旧产品、开发新产品的需要。

2）服务质量信息。服务质量信息主要是指顾客对产品售后服务质量的感受。它包括供货、产品运输、现场安装、问题的及时处理、售后维修、产品的日常保养维护和技术支持等。在这类信息中，客户的抱怨、客户投诉信息及其处理情况的收集整理是一个重要方面。这类信息有利于化解顾客的不满，改善产品或服务中的不足。

3）经济性。经济性包括产品的价格和使用中的费用。价格因素也是顾客关注的一个主要因素。例如，对于购买的产品，顾客认为它的定价是否合理，是物有所值还是物超所值，或者物非所值。使用当中的费用问题，更是顾客关注的重点。

4）形象信息。顾客对组织形象的反馈信息包括社会认知度、信誉度、美誉度，以及组织及其产品在大众心目中所形成的总体形象，如品牌、商标、技术风格、包装风格、服务模式等。

对于不同的产品，顾客关注的重点是不一样的。在实际的调查中，应根据产品的实际情况，有重点地收集有用信息。

组织在收集到顾客满意信息后要及时分析、处理，并传递到所需单位，只有这样才能充分发挥这些信息的价值，帮助组织持续改进。

7.3 信息技术在质量信息管理中的应用

信息技术在管理中的应用日益广泛。从计算机集成制造系统（CIMS）、办公自动化（OA）、客户关系管理（CRM）、供应链管理（SCM）到生产制造执行系统（MES）、企业资源计划（ERP）和电子商务，信息技术的应用渗透到组织中的任何一个角落，更有甚者，信息技术引发了组织管理理念和方法的新一轮革命。

7.3.1　信息技术的应用

这是一个信息爆炸的时代，只有充分利用计算机技术、电子通信技术和网络技术所具有的强大的数据分析处理的能力，才能提升组织运营的效率和效果。与其他管理领域一样，信息技术与质量管理的结合改变着质量管理的模式和方法。

1. 在质量数据采集中的应用

自动化技术和网络技术的发展，不仅为组织的质量数据采集工作提供了更加高效的途径，也拓展了组织的信息源。

1）通过信息网络获取各种质量信息。目前，以互联网为代表的信息网络已经深入到社会生产生活的方方面面，不仅改变了个人的生活方式，也改变了组织的运营模式。特别是随着电子商务、电子政务以及网络社区的兴起，网络信息资源日益丰富。组织可以充分利用信息网络，获取顾客需求，调查顾客消费偏好，接受顾客投诉与抱怨，掌握顾客满意度。组织还可以通过网络了解竞争对手、行业标杆的质量信息，国家与地方政府的法律法规，各类技术标准，以及行业发展动态、质量工程技术的发展等。

2）进行自动化的数据采集。利用自动化技术和通信技术，通过在线质量控制，组织可以实现生产服务过程中质量数据的自动检测和采集。

2. 在质量数据分析处理中的应用

在质量管理的过程中，一些方法和工具需要大量的数据支持，并采用统计的知识进行加工计算，而传统的手动计算的方法显然限制了这些方法和工具的应用。计算机强大的数据计算能力，使得质量方法的应用更加广泛和简便。

1）数据处理软件的应用。无论是易于入手的 Excel 电子数据表格，还是相对专业的 SPSS、Minitab，都提供了数据整理、统计分析（如方差分析、回归分析、正交试验等）的功能，为组织质量数据的处理提供了方便。

2）质量工具的应用。在质量管理中，需要使用多种质量工具，如实验设计、可靠性设计、质量功能展开、抽样检验、健壮设计等。这些方法的数据计算工作量普遍较大、计算过程复杂，传统手工计算难度较大，因此可利用计算机来完成这些工作，速度快、精度高。

3）生产控制的应用。计算机可以在生产准备、生产制造过程中，对质量管理相关的数据信息进行分析管理。在生产准备阶段，可以利用计算机管理工艺文件，管理机器设备的状态，管理刀具、工装夹具以及原材料质量等。

在生产制造过程中，可以利用传感器实时采集质量数据，由计算机处理后，掌握工序状态，实施反馈调整。例如，可以利用实时数据绘制控制图、计算工序能力等。

3. 在质量信息存储共享中的应用

1）质量信息的存储和查询。在质量管理中，需要经常查询大量的数据，如生产过程中的控制数据、顾客满意数据、供应商提供产品的抽检数据等。此外，在标准化建设中，也需要存储和查询大量标准信息、各类文件等。这些信息的存储量一般很大，查找比较费时费力。利用计算机来保管这些信息，可以快速、方便地查找到所需的各类最新信息。

2）质量问题的管理和追溯。传统质量管理依靠手工和纸面文件进行，在办公自动化的今天，实现质量问题的快速通信、准确处理和追溯，就不得不依赖计算机和信息系统。以计算机内存储的大量数据为基础，利用计算机的检索和查询能力，可以帮助组织找到问题的成因及解决方案，再配以电子标签等信息技术，就能轻松地实现质量问题的追溯和管理。

3）质量信息的发布和共享。利用信息系统，组织可以实现质量信息的传递和共享，既可以让信息的使用者得到所需要的信息，也可以通过权限管理，让信息在限定范围内共享。利用信息系统、网络、电子邮件等方式，组织可以实现与顾客、供应商等相关者的信息的互联互通，从而实现信息的发布和共享。

4. 新信息技术在质量管理应用中的展望

物联网、云计算、移动互联网、手机、平板电脑以及遍布地球各个角落的各种各样的传感器，无一不是数据来源或者承载的方式，这将对质量管理产生新的影响。

（1）物联网

物联网（The Internet of Things）是新一代信息技术的重要组成部分。顾名思义，物联网就是物物相连的互联网。物联网是在计算机互联网的基础上，利用射频自动识别 RFID、无线数据通信等技术，构造一个覆盖世界上万事万物的“物物相连的网络”。在这个网络中，物品能够彼此进行“交流”，而不需要人的干预。其实质是利用 RFID 技术，通过计算机互联网实现物品的自动识别和信息的互联与共享。

物联网是智慧网络之一。无论智慧方案，还是智能行业，都离不开数据的分析与优化。

因此，数据的分析与优化是物联网的关键技术之一，也是物联网发挥价值的关键点。

现今，物联网技术已经融入了纺织、冶金、机械、石化、制药等工业制造领域，在工业流程监控、产品质量监控、装备维修、检验检测、安全生产、用能管理等生产环节得到了应用和发展。将物联网相关技术引入组织质量管理过程中，利用现代信息技术、网络技术等对生产服务过程的质量信息进行无间歇自动采集，在保证信息采集实时性的同时，还能够实现数据采集的自动化、智能化处理，为生产过程监控和质量追溯提供实时数据支持。此外，智能网络的建立，可以使得加工设备、加工工序和产品本身实现质量数据的采集和共享，从而对生产过程进行判断，避免不合格品的产生和发展，自动调节生产过程，保证质量的稳定性。

（2）大数据

大数据（Big Data）是指所涉及的资料量规模巨大，需要在合理时间内得到采集、处理，并整理成为帮助组织经营决策的数据信息。从某种程度上说，大数据是数据分析的前沿技术。简言之，从各种各样类型的数据中，快速获得有价值信息的能力，就是大数据技术。

美国互联网数据中心指出，互联网上的数据每年将增长 50%，每两年便会翻一番，而目前世界上 90%以上的数据是最近几年才产生的。此外，数据不仅仅是人为发布的信息，随着产品智能化和数据化的发展，全世界的工业设备、汽车、电表等各类物品上有着无数的数码传感器，随时测量和传递着有关状态、位置、运动、振动、温度、湿度等数据的变化，也产生了海量的数据信息。

随着智能设备、数字化运营的发展，工厂里绝大部分机器和物件也越来越智能化，以支持几乎实时的数据采集、存储和传输，使得组织中所涉及的质量数据也呈现几何级的增长。一方面，组织流程日益复杂，产品数据日益增多；另一方面，市场要求组织响应的速度不断加快，收集、存储、转移和处理海量数据对组织的基础设施、网络速度和处理能力都是一个极大的考验。大数据技术的出现和推广，将为组织提供一个解决问题的途径。

（3）云计算

云是网络、互联网的一种比喻说法。云计算是一种商业计算模型。它将计算任务分布在大量计算机构成的资源池内，使各种应用系统能够根据需要获取计算力、存储空间和信息服务。狭义的云计算是指 IT 基础设施的交付和使用模式，即通过网络以按需、易扩展的方式获得所需资源；广义的云计算是指服务的交付和使用模式，即通过网络以按需、易扩展的方式获得所需服务。这就好比是从古老的单台发电机模式转向了电厂集中供电的模式。它意味着计算能力也可以作为一种商品进行流通，就像煤气、水电一样，取用方便、费用低廉。最大的不同之处在于，它是通过互联网进行传输的。

云计算提供了众多应用模式，如云安全、云存储、云呼叫、私有云等。它使得众多中小企业不需要投入过多的软件、硬件设施，便可以获得无限的数据处理计算能力。

在质量管理中，云计算的出现使得组织可以实时监控来自全球任何地区的过程数据，可全面帮助组织提升过程管控能力。质量管理人员只需轻点鼠标，即可轻松对比不同工厂以及不同生产线上的过程参数，真正实现生产过程的可视化和实时质量管控。云计算的出现使得中小企业使用的质量管理工具变得更为简单，可以利用云计算，对企业质量数据进行加工、分析，找出问题成因，得到解决方案。

物联网、云计算、大数据以及移动互联网等信息技术的应用，必然会提升组织的质量数据处理分析能力，甚至带来组织质量管理模式的变革。

7.3.2 集成的质量信息系统

质量信息系统建立在信息技术的基础之上，实现质量信息在企业内外部的高效流动与管理，及时向组织提供正确的信息，以便做出正确响应，为组织的决策提供支持。

1. 质量信息系统的发展

最早对计算机技术在质量管理中应用的研究，是对大批量生产情况下的质量信息处理技术方面的研究，进一步的研究是多品种小批量的质量信息处理技术。费根堡姆博士曾于1983 年讨论了统计过程控制（SPC）技术与自动化数据采集的连接问题，使这种自动的质量信息反馈可以改善产品质量等级。美国学者德鲁厄里（J. W. Drewery）研究了基于 SPC 技术的计算机辅助质量控制技术。

质量信息系统的概念最早出现于 1985 年，Uirich Rembold 等人首先提出 CAQ 系统（Computer Aided Quality System）的概念。CAQ 系统运用计算机实现质量数据采集、分析、处理、传递的自动化，以及质量控制、质量保证、质量管理的自动化。在同一年，美国卡普尔（Kapoor）等人提出集成质量系统（Integrated Quality System，IQS）的概念。CAQ 系统和 IQS 在范围和集成的程序上有所区别，但它们都在计算机的支持下实现企业质量管理、质量保证和质量控制的自动化，因此有时统称为自动化的质量系统。

1987 年，英国学者坦诺克（Tannock）博士在第四届欧洲自动化制造会议中提出质量系统集成化的战略，认为质量系统的集成是质量信息的集成，并以 IDEF0 方法对装配过程的质量功能进行了简单的分解和设计说明。1990 年，Tannock 博士提出了用于制造的质量系统自动化和集成战略，系统地描述了 IQS 的结构化设计和改进过程，提出了质量数据采集和管理的集成化方法。

20 世纪 90 年代以来，世界范围内出现了研究、开发、实施质量系统研究的热潮。目前，在国际上较流行的计算机辅助质量系统软件有德国的 CDE 软件和系统公司开发的 QUIPSYCAQ 商品化质量管理系统软件，以及德国 MTU 公司的 QUISSCAQ 系统。

目前我国也出现了不少用于质量管理的系统软件。例如，由西安交通大学与航空航天部 204 所合作开发的在 CIMS 环境下，基于客户端服务器的计算机辅助质量系统，简称 C/SCAQIS；北京航空航天大学质量工程实验室开发了面向企业质量保证全过程的集成化质量管理软件系统 QQ-Enterprise 企业级集成质量系统等。

如今，自动化质量管理系统的开发研究正在各个领域展开。在理论研究的基础上，国内外的质量管理商用软件的开发也在同步进行。一些大型企业，如美国麦克唐纳-道路拉斯飞机公司、福特汽车公司、IEC 公司、德国 MTU 公司，均在运用 CAQ 系统和 IQS 中取得了经济效益。

2. 质量信息系统的作用

运用计算机及信息技术，实现计算机支持的质量信息管理，提高质量管理水平，对提高我国制造企业市场竞争能力具有特殊的重要意义。

1）质量信息系统能够有效地支持企业实施质量信息管理。

2）能实现对急剧增长的、大量的质量数据的有效管理。

3）能高质量地、及时地提供国际合作生产所需的各类报告及文件。

4）为各个层次的决策者提供决策支持。

5）提供先进的质量控制手段，缩短故障响应时间，减少故障损失。

3. 质量信息系统的开发模型

质量信息系统（Quality of Information System，QIS）的功能应该涵盖个人、过程和组织 3 个层次，并能够覆盖质量形成的生命周期。图 7-7 展示了一种 QIS 的层次和功能框架。

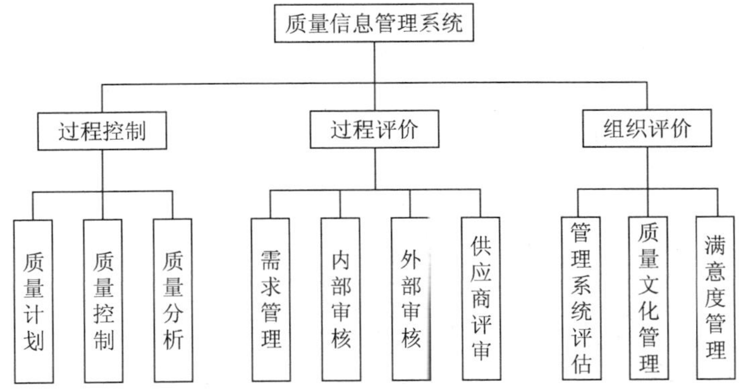

图 7-7　QIS 的层次和功能框架简图

（1）过程控制

在过程控制这一层次中，信息系统的主要目的是监督、控制过程的结果（产品或服务）的符合性情况，即过程的结果（产品或服务）是否与制定的质量要求和质量标准相一致。

管理对象包括过程结果的质量，包括最终结果——成品，以及各种中间结果，如零部件、半成品、各种生产工艺文件、质量报告等；生产的能力、工序的能力；工作人员的状况；机械、设备、检验设备的管理等。在其覆盖的工作流程中，从计划的制订开始，一直到产品的出厂、销售。为此，过程控制层应当包括 3 大基本功能模块，即质量计划模块、质量控制模块和质量分析模块。

（2）过程评价

在过程评价这一层次中，系统的目标就是对组织的过程，包括生产过程和其他管理过程中，质量要求和规范是否能够正确地满足客户需要进行评价。因此，一个独立的评价程序需要被设计、执行，如质量审核程序（可以参照 ISO 9000 和 ISO 19011 标准建立）。审核程序将由相关专业技术人员来实施，从而对各种过程进行分析和控制，找出潜在的改进机会。

过程评价层将提供对企业质量信息管理状况更加深入地分析和研究，尤其是对过程的设计和执行。它将提供关于过程运作是否有效和效率如何的信息。审核程序将重点对企业的质量管理、技术和人力资源等因素进行考察。或许这种质量信息的分析与管理并不能为企业带来即时就能够看得见的效果，但它有利企业进行长久的、持续的改进。

（3）组织评价

组织评价是将组织作为一个整体，对其质量管理状况进行评价。质量对于一个组织来说，是其满足顾客期望的能力。在这一层次中，应当从市场或企业最高管理者的视角来看企业的质量管理情况，对企业的质量竞争力进行分析和评价。更进一步地说，企业应当更加深入地了解市场的需求，具有适应外界环境和市场变化的能力。在组织内部，质量作为一种战略工具来被管理和使用。企业的质量战略、质量文化、满意管理、供应商战略管理等，都是对一个组织质量能力进行评估的标准。

层次模型体现了对产品全生命周期的管理控制。从产品的设计、采购、生产一直到销售服务，层次模型覆盖了产品生命周期的全过程，如图 7-8 所示。

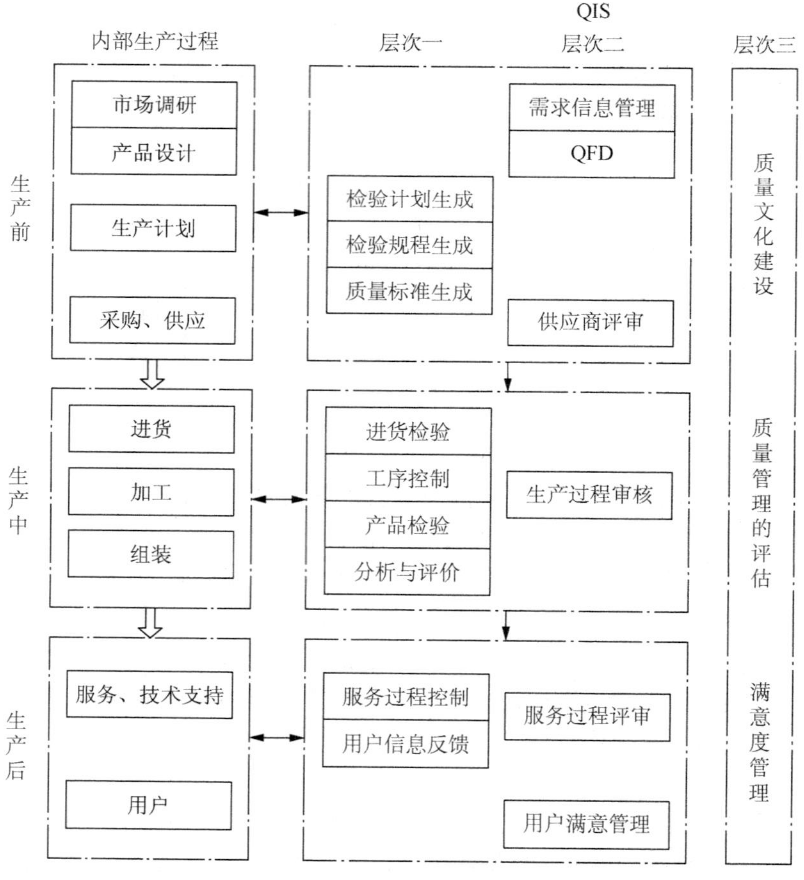

图 7-8　层次模型覆盖产品生命周期的全过程

QIS 的层次模型提供了质量信息系统分析与设计的一种思路和概念模型。但是，层次模型仅仅是一种概念模型，由于各类企业的质量管理过程、质量控制的重点不同，因此造就了质量信息系统具体构成的千差万别，具体的模型框架也会随之不同。

思考与练习

1．什么是质量数据和质量信息？

2．组织的质量信息管理的原则是什么？

3．组织如何构建一套完善的质量信息指标体系？

4．质量成本有哪些构成项目？企业如何对质量成本信息进行管理？

5．企业如何选择优秀的供应商？

附录 综合案例

案例一 科龙集团的“第一”战略

一、案例介绍

1984 年 10 月，科龙集团（现为海信科龙电器股份有限公司）前身——广东顺德珠江冰箱厂宣告成立，这是一家凭 9 万元起家，年产冰箱不过 3000 台的乡镇企业。在 15 年的时间里，科龙集团从一个名不见经传的小企业发展成为中国著名的大型家电企业之一。

科龙集团的发展战略是不熟不做，其经营领域以制冷业为核心，将最大力量放在冰箱上，并在此基础上发展相关的制冷产品——空调和冷柜，同时利用品牌优势开拓洗衣机等业务。目前，科龙集团共有容声、科龙、华宝 3 个品牌，已是拥有净资产 10 亿元、年增长速度 40%的国际集团公司。它的近期战略目标是成为全球第一大冰箱企业、全国第一大空调生产厂家和全国冰柜出口第一的企业。

（一）质量“第一”

科龙集团有两个最为骄傲的“第一”，一个是连续八年产量全国第一；还有一个，就是同样已保持多年的产品出厂合格率全国第一，达到 99.8%。科龙集团最看重后一个“第一”。用科龙集团前董事长兼总裁潘宁的话说，质量稳住了才能快。如果质量稳不住，上得快，跌得更快。

1984 年年底，科龙集团预定第二年生产 5 万台冰箱。就在这时，一家当时产量已突破百万台的国内最大冰箱厂发生严重质量事故，潮水般涌来的退货，使企业一下子跌进难以自拔的泥潭。

事情发生在人家厂里，潘宁却让全厂干部工人就此事停产进行大讨论：如果这样的事发生在科龙集团怎么办？理不辩不明。大讨论使全厂干部职工达成共识：企业发展速度必须与质量控制、综合管理能力同步。有多大能力办多大事。科龙集团果断将当年生产目标由 5 万台降为 3 万台。当质量与产量发生矛盾时，科龙集团的选择义无反顾：质量第一。当质量与成本控制发生矛盾时，科龙集团的选择同样毫不含糊，还是质量第一。潘宁说：不能规模上天，牌子砸地。

近年来，国内不少冰箱企业为降低生产成本，纷纷将冰箱的散热管由用铜材改为用铝材，一台就降低成本 100 多元。潘宁曾因下属多花 100 多元钱买会议请柬而大发雷霆，而对这涉及上百万台冰箱的“100 多元”，潘宁回答：“做散热管，没有比用铜材质量更好的，不管多贵我们都用。”仅此一项，每年的费用就是一两个亿。

在科龙集团，成立最早、机构改革中最稳定而且越改人员越多的，就是曾由潘宁亲自负责的全面质量管理办公室。而最舍得投资的，也正是以提高产品质量和可靠性为主要目的的技术改造。1988 年以来的十年里，科龙集团在技术改造方面总投资累计达 10.14 亿元。一台冰箱在生产线上的平均在线时间，最能反映一个企业的综合管理水平。1994 年，科龙集团年产冰箱 91 万台，平均产出一台冰箱的“节拍”为 48s；1995 年，产量增加到 122 万台，这个“节拍”降为 36s；1996 年，年产量 181 万台，“节拍”更快，为 26s；1998 年，冰箱产量高达 248 万台，而“节拍”仅 24s。从 48s 缩短到 24s，等于一个厂变两个厂！

（二）把冰箱做大做强

1996 年 7 月，科龙集团在香港成功上市 20135 万股 H 股，筹得人民币 12 亿元。翌年扩股，又筹得人民币 7.5 亿元，加上吸纳国际金融财团 7000 万美元低息贷款，两年从国际市场就拿回 25 亿元资金。这样一笔巨额资金，向哪儿投？不少人认为，科龙集团已把冰箱做到国内领先，应该借此机会搞多元化。地方主管部门明确指示科龙集团发展冰箱要“适可而止”。然而，科龙集团紧接着出手几个大动作，依然还是坚持把冰箱做大。

动作之一：1996 年下半年，投资 21 亿多日元，在日本神户置地建楼购买设备，聘请数十名日本技术专家组成专业开发队伍，在日本创办了第一个研究所——日本科龙株式会社，将世界最新的两面开门、计算机模糊等技术应用于冰箱新产品的设计开发。

动作之二：1996 年 12 月，注资 2.7 亿元，在四川成都以控股方式，与成都飞机制造公司组建成都科龙公司，建设年产 50 万台的无氟冰箱生产基地。仅过 20 天，又挥师北上，在辽宁营口，注资 2.4 亿元，以同样方式成立营口科龙公司，又是年产 50 万台的能力。

动作之三：在顺德本部扩建厂房，引进设备，改造生产线，进行第六期技术改造，扩大规模。科龙集团选择的发展之路越走越顺，越走越快。1995 年，科龙冰箱年产量首次突破百万台。从 1984 年的 3 万台冰箱起步到上百万台，科龙用了 12 年时间。而 1997 年，科龙集团年产冰箱近 250 万台，这第二个百万台台阶，科龙人用了不到两年。

1998 年 3 月 28 日，成都科龙公司正式投产。与时下有些企业采取的扩张方式不同，科龙集团新创办的这家企业，不仅输出品牌和管理，而且投入巨资高起点规划、高起点建设。生产的产品是符合国际环保潮流的全无氟冰箱，引进的设备是经过优选的具有国际 20 世纪 90 年代中期先进水平的生产线，在许多方面超过科龙顺德总部的水平。例如，顺德总部的生产线 5 个岗位需要 7 人，而成都科龙公司的生产线同样岗位只需 1 人。

1998 年，科龙冰箱已形成了 300 万台的生产能力。到 1999 年生产能力已达到 350 万台以上。350 万台意味着什么？意味着世界上数一数二的生产规模。科龙集团距离“世界第一”已经不远了。

（三）把空调做大做强

1998 年，科龙集团为了把空调做大做强，采取了两项重大战略行动：与美国花旗银行合资和与华宝空调厂联合。

1998 年 4 月 28 日，由美国花旗银行与中国科龙公司合资组建的广东科龙空调器有限公司正式成立。美国花旗银行以现金入股科龙空调，拥有该公司 40%的股权。在近年来中国家电行业刮起的“合资风”中，外国品牌往往以 51%的股份取得 100%的控制权。许多外国公司或跨国公司也想以这种方式与科龙合作，而科龙公司屡次拒绝与这些公司合作，这就使科龙公司的这次合资格外引人注目。

据时任科龙集团董事长王国瑞透露，原广东科龙空调器厂经国际西门资产评估公司按国际惯例进行评估，有形资产为 3 亿元，科龙空调品牌的无形资产经“花旗”和“科龙”双方议定为 1.68 亿元，共计 4.68 亿元人民币。“花旗”以 1.87 亿元溢价获得 40%的股权，入股后，“花旗”不参与科龙空调业务的正常运作，整个企业的经营管理仍由中方负责。这种合作方式清晰地传递出几个信息：第一，科龙空调的品牌价值在此次合作中占了相当的分量；第二，“花旗”对科龙公司的管理能力投出了绝对信任票；第三，科龙公司在这次合作中占了主导、主动地位。

花旗公司决心入股科龙空调，主要看中了科龙公司的盈利能力、技术能力和管理能力。这家自 20 世纪 90 年代起始终领导着中国制冷行业冰箱产业升级和消费潮流更替的大型集团，1997 年年底利用低温吸附触媒除臭技术，攻克了直冷冰箱除臭的世界难题，同年世界经济论坛授予科龙公司“东亚地区全球最佳经济增长公司”称号。1998 年年初，《亚洲货币》将科龙公司评为“亚洲地区管理素质最佳公司”和“最佳投资者关系公司”。

科龙愿意让出 40%的空调股权，并非看中了 1.87 亿元，而是看中了对方在 1.87 亿元之外的优质资本，希望借此进一步改善科龙空调的资本结构。注入的资金将用于引进先进技术、发展销售网络和提高产品质量，而花旗中国投资管理公司时任董事长范佐华也表示希望与科龙公司共同开拓国内空调市场。

1998 年 10 月 9 日，科龙公司与华宝公司宣布实现强强联合，组建国内最大的制冷集团。这是我国空调行业中规模空前的企业联合个案。

1994 年以来，空调市场由于供大于求而展开了为时多年的恶性竞争，不少生产商，特别是不具备规模效益的企业，面临淘汰出局的厄运，市场竞争实际上在具有雄厚实力的大集团之间进行。规模、市场份额、产品更新和服务决定着企业的生死存亡，科龙集团顺势而为，在较长时间的市场调查和论证后，决定利用双方联合后空调生产能力可达 150 万台以上、成本下降 20%的优势，走强强联合、优化资源、优势互补之路。

与科龙公司一桥之隔的华宝空调厂，是国内首家生产分体式空调的企业，经过 10 年的努力，其产品形成了系列化，并拥有国内先进的生产设备，在同行中率先将计算机集成制造系统运用于生产线，在广东空调行业中第一家取得 ISO 9001 质量体系认证，拥有单班年产分体式、窗式、柜式空调 100 万台的能力，柜机走红全国，1996 年又创 2P 柜机的先河。华宝公司曾采用灵活的营销政策，在全国建立了包含 800 多家的营销网络，尤其在华东开拓了自己的市场，深受消费者喜爱，1997 年销售额达 23 亿元，使华宝空调在国内空调市场上占有相当可观的份额。

科龙、华宝公司强强联合后，华宝品牌仍将使用，但华宝空调厂的决策、市场营销、新品开发、技术改造和市场定位，将归科龙集团统领，华宝公司变成一个重要的生产基地。联合之后，华宝员工与科龙员工实行同工同酬，部分高、中层管理人员带职在科龙集团适应另一种企业文化。

随着世界范围内跨国大公司不断地兼并、联合，国内企业实施的存量资产调整和产业升级，将进一步巩固名优品牌在行业的领导地位。科龙集团时任董事长兼总裁王国瑞对科龙、华宝强强联合后的前景评述说："形势逼人，形势喜人。只要敢于竞争，我们一定能够成为国内最强、最大的空调企业。科龙将因此实现资本跨国流动、市场重新划分，在更广泛的领域和深度参与国际经济分工。"

（四）定牌生产，切入洗衣机市场

近年来，科龙集团在加强核心业务发展的基础上，开始探索进入制冷业以外的家电领域。1999 年 6 月 2 日，科龙集团与全球白色家电巨头美国惠而浦公司在广东顺德进行战略伙伴合作洽谈。根据双方的协议，1999 年内，惠而浦公司将为科龙定牌生产洗衣机 5 万台左右，在未来三年内，这个数字将达 30 万台。

在国际上，定牌生产是一种相当普遍的模式。惠而浦公司除了自身品牌的产品在全球拥有巨大市场份额，1998 年销售额达 100 亿美元外，同时也是一家实力雄厚的 OEM 供应商，在国外，它已生产了 300 多万件定牌产品。

1997 年以后，我国洗衣机年生产能力已达 2500 万台以上，而市场年需求量在 1000 万台左右，实际产量仅占生产能力的 50%，大量生产能力处于闲置状态。另外，一些地区、企业仍在引进生产线，上新项目，结果出现新的产业同构现象。科龙选择通过与国际大公司和知名品牌联合的方式进入洗衣机领域，避免了不必要的重复引进和重复建设。

王国瑞表示，他希望利用惠而浦的实力，首先在国内市场上推出科龙品牌洗衣机，以后再通过惠而浦公司庞大的全球销售网络，打入国际市场。而惠而浦公司时任执行副总裁兼欧洲和亚洲总裁杰夫·费迪的说法是，惠而浦公司看好中国市场的前景，很愿意通过向中国市场介绍 OEM 这一业务运作形式，为中国市场尽快与国际接轨做些贡献。OEM 将为双方在其他领域和产品方面的合作带来机遇。同时，通过多种形式的产品生产和销售组合，惠而浦公司也可以稳固在中国市场的地位，从而实现在中国的长期目标。

（资料来源：杨先举．1994．工商企业管理案例．北京：中国人民大学出版社．）

二、案例分析

科龙集团在十几年时间内，从一个默默无闻的乡镇企业，成长为今天中国家电产业中的著名集团之一，其主要原因在于实施了正确的经营战略。科龙集团发展战略的主要特点：

1）"不熟不做"。坚持有限多元化经营，将主要业务限于冰箱、空调、冰柜，以取得核心技术的发展与协同运用，取得竞争优势。

2）"做大做强"。凡是自己所经营的业务，都务必要把它做好，一是规模要大，二是市场地位要高。这一指导思想充分体现在科龙的近期战略目标——"三个第一"上面。

3）运用资本经营与产品经营相结合的方式，实现高速成长。科龙集团的历史，可以分为两个大的发展阶段。从创业之初到 1996 年 6 月，科龙集团主要依靠原始资本积累加以发展，从一家仅有资产9万元的乡镇企业一跃成为中国规模最大的冰箱企业。在H股发行成功以后，科龙集团进入了以资本经营为主的扩张时期。它通过控股、合资与联合等方式，不仅使冰箱生产规模逼近全球第一，而且将自己规划为空调中的老大，加快了“做大做强”的步伐。

案例二　质量意识——三角集团管理

一、案例介绍

三角集团是以轮胎生产经营为主导，兼营精细化工、机电维修、三产服务的大型企业集团。仅仅十几年时间，三角集团发展成为国内轮胎企业供给内需和外贸出口的主力，销售额领先于国内同行。其产品在国内外市场上树立起了过硬的品牌形象，成为同行业第一个“中国驰名商标”。

在十几年前，三角集团曾是一个经营亏损、难以为继的企业。跨越十几年的巨变，蕴藏着深刻的原因。众多经济学家、管理学家走访三角集团，得出了一个企业振兴的法则：管理，将严格、细微、科学的管理渗透到企业流程的每一个神经末梢。

质量是赢得消费者的关键所在，质量创新是企业创品牌的主战场。这一看似简单的企业运行法则，却是决定企业胜负的根本。三角集团始终坚信：“缺乏可靠的质量保证，在市场上只能糊弄一时。”

三角集团经营的主产品——轮胎是一种特殊的消费品，随着人们生活水平的不断提高，除了追求经济性能外，人们对轮胎的安全适应性也提出了越来越高的要求，这就给轮胎的生产提出了更高的要求。

三角集团认识到产品的工序质量与工作质量决定产品的品质质量，因此应该把质量概念延伸到生产工序的每个环节和员工工作的每一步骤。工序质量，即轮胎每一生产工序能够稳定地生产合格产品的能力；工作质量，即企业的管理工作、技术工作和组织工作对达到质量标准和提高产品质量的保证程度。三角集团的质量管理理念认为，产品质量是工序质量和工作质量的综合反映。因此，三角集团将质量管理延伸到企业生产经营活动的全过程，强调是质量形成过程中各部分的有机联系、相互制约关系。

正是基于对产品质量管理的认识突破，三角集团的质量管理才能科学有序地推进。

首先，质量必须有一个好的产品做载体。虽然子午轮胎现阶段已成为轮胎发展的主流，然而十几年前，在国家产业政策提倡轮胎换代时，该类轮胎的市场反响平平。三角集团率先瞄准新兴市场，把大力发展子午轮胎确立为公司立足市场创品牌的产品战略。通过认真分析市场，三角集团找准了推进子午轮胎战略的切入点，将发展重心转向全钢子午轮胎；同时优化原有斜交轮胎产品的结构，实现与竞争对手的差异化。

其次，围绕一个好的产品确立科学规范的质量管理体系。三角集团根据企业自身的发展特点，确立了全套质量管理体系，分别是目标管理体系、质量追溯体系、标准化管理体系、质量保证体系。公司每年都要针对市场情况和内部质量问题，提出有针对性和突破性的质量目标，并进行层层分解落实，对各生产车间实行关键质量指标领导集体承包，对质量管理和技术部门实行全公司综合质量指标承包，对涉及多方面的质量问题实行多部门联合承包，形成责任共同体。通过完善的激励约束机制，实行质量否决权制度，确保质量管理方针、目标的顺利实现。

三角集团的质量追溯体系是从供应商到各工序再到外部客户，从原材料、零部件到半成品再到成品的一整套体系。生产过程中出现的质量问题，可以通过信息系统检索追查到原材料采购及各个工序的每一个操作工，从而形成了全员对轮胎生产的全过程负责机制。多年来，三角集团始终重视质量管理的标准化工作，在企业内部建立了一个具有本企业特点的、能有效运行的质量体系，保证了产品质量的稳定性并使之持续提高。

质量保证体系是三角集团质量管理的最后保障。它向轮胎用户保证产品在寿命期内可以放心地使用，如果出现故障，企业愿意赔偿相应损失。三角集团的质量管理从生产领域又延伸到了流通领域，使之无处不在。集团生产领域之外的协作单位与内部各环节技术、管理、经营活动的职责、任务、权限细化，建立统一这些活动的组织机构和质量信息反馈系统，形成了一个完整的质量管理体系有机体。

三角集团认为，没有质量保证体系，质量管理就是有缺陷的。质量保证体系的关键环节是高效灵敏的质量管理信息反馈系统。三角集团对相关信息流进行周密的收集与组织，包括市场需求动向、用户意见、工序质量表、不合格率、工艺规程等。这些质量信息最终将成为集团进行质量决策、制订质量计划、组织质量改进、监督和控制生产过程、协调各方面质量活动的依据。

（资料来源：http://finance.sina.com.cn/roll/20040108/0834594496.shtml.有改动.）

二、案例分析

三角集团一个经营亏损、难以为继的企业发展成为以轮胎生产经营为主导，兼营精细化工、机电维修、三产服务的大型企业集团，除了抓住机遇果断开拓了国内子午轮胎市场，确定了领先的新产品外，更重要的是通过企业质量管理体系的确立使产品始终保持高水准，满足了顾客的需求。

案例三　20世纪90年代第一汽车集团公司的质量名牌战略

一、案例介绍

产品是企业的一面旗帜。纵观中国的汽车工业，第一汽车集团公司（以下简称一汽）无疑是当之无愧的产品冠军。这个曾经创造第一辆国产汽车的资深企业，又率先形成了中、轻、轿全系列发展的产品格局。一汽的产品质量年年都有大的提高，那一个个闻名遐迩的名牌产品，构成了一条充满希望的生命链，把一汽推向了新的辉煌。

1. 9个质量年与5个“1号文件”

1987年1月1日，欢欣鼓舞的一汽人放弃了法定的休假，随着生产线的隆隆开动，新型的解放CA141汽车驶出了总装配厂房，驶向冉冉升起的太阳，一汽职工用在当时具有国际水平的全新产品揭开了新的篇章。

然而，现实发展却不像一汽人想象得那般美好。新解放汽车面临着激烈的市场竞争，难以承受种种严酷的考验。市场给一汽的管理者和每一位员工上了最为生动的一课。他们深刻地认识到，在市场经济条件下，产品质量已经成为企业生存发展的决定性因素，只有成熟又精良的质量与先进性统一起来，才能赋予产品顽强的生命力，从而发挥应有的优势。于是，一汽的决策者们做出决议，把1987年定为企业的第一个质量年。从此，质量年活动成为一汽的“保留剧目”，抓质量、创名牌成了一汽永恒的主题。

一汽人把市场的评价看得比什么都重要，用户的意见成了一汽产品质量改进和提高的重要依据。1988年春节期间，一汽的7位厂长怀着一腔虔诚分赴全国7大地区，一边给用户拜年，一边听取用户的宝贵意见。

1991年，一汽的质量工作又加快了节奏。元旦后第一个工作日的清晨，职工们意外地发现这天的气氛有些异样，汽车工人报社的记者们早早守候在各个厂门前，他们的臂弯上全都搭着一摞报纸，每个职工都领到了一张报纸，打开这份油墨未干的报纸，上面赫然印着由耿昭杰厂长亲自签发的“1号文件”——《关于解放CA141车创国优的10项决定》。从此，新年第一天下发“1号文件”又成了一汽的传统项目，而“1号文件”讲的全是抓质量、创名牌的内容。

“1号文件”发到各个专业厂和职能处室，各个单位很快制定贯彻落实文件精神的“小1号文件”，两级“1号文件”都有明确的质量目标和主攻方向，每个车间、每个班组、每个职工再层层制定自己的分解落实规则，全厂上下营造一种浓厚的创名牌氛围，一汽人的脑海中打上了一个很深的烙印：质量永远是企业的头等大事。

2. 3大支柱和5大法宝

有了坚定的质量意识，还必须有一套切实有力的质量工作措施。一汽从1978年开始推行全面质量管理，曾经是全国企业的一个管理样板。创质量名牌战略对质量管理提出了新的要求：必须创造一种更科学、更严谨的质量管理模式，以适应市场经济的需要。于是，以国外的先进经验为参照，以自身的技术实力为后盾，以全员的参与为保障，一汽把整车质量评审、道路可靠性试验和产品质量改进作为3大支柱，富有创造性地推进自己的质量名牌战略。

整车质量评审采用国际先进的奥迪特（Audit）评审法，根据产品结构和用户的期望及要求确定评审项目，评审小组由经过专门训练、经验丰富的人员组成，他们按照“质量评审卡”开展工作，不受领导意志的干扰，完全站在用户的立场上，客观、独立地对整车的创造、装配、调整质量和外观质量进行评价。评审人员采用随机抽样的办法，每天抽取一辆奥迪轿车，每周抽取一台中型卡车和轻型车，通过看、摸、扳、听、行驶等方法，查出每一个缺陷。他们按照 847 个评审项目，分别评出每一个产品的等级，等级越高，质量越差；等级越低，质量越好。

可靠性试验就是每月各抽查两辆正常生产的整车和发动机进行道路强化试验，评定汽车的性能是否合乎设计要求，特别是在可靠性能达到国内领先水平之际，一汽采取了比行业标准更为苛刻的试验规范。行业白皮书中规定可靠性过路试验只行驶 2500 公里，而一汽的试验里程却严格规定在 8000 公里以上。

一汽通过用户使用过程反馈的意见，制订全年的产品质量改进计划，同时采取一些国际上的先进标准和法规，不断提高产品的内在质量和外显质量。

一汽还以“专职检查、质量联保重复确认”“五位一体”、贯彻 ISO 9000 国际系列标准和推行精益生产方式作为五大法宝，并且建立了 14 个保证体系，不断追求质量的尽善尽美。同时，还提高评审标准，加大奖惩力度，全厂天天有评审，周周有讲评，月月有改进，年年产品有大的提高。一汽还将产品质量工作外延到材料供应和协作厂家，使产品从来料加工到装配发运的全过程都处于严控之中，确保汽车台台优质。

3 大支柱支撑名牌工程主体大厦，5 大法宝制约工作的各个环节，形成了不断发现质量缺陷，不断解决质量问题，不断提高产品质量，不断满足用户而求的良性循环。

（资料来源：张生军.2009.第一汽车集团公司的品牌战略.）

二、案例分析

一汽的红旗牌高级轿车几十年名牌锐势不衰。目前，一汽的解放载重汽车、解放轻型车、红旗轿车、奥迪轿车、捷达轿车以纵队之势全面挺进，名牌效应越来越好，市场占有率也越来越高。其中，解放牌汽车不但牢牢占领了国内市场，还大批量地打入了国际市场。一汽已走出了一条“质量兴厂”的道路。

参 考 文 献

柴邦衡．2002．ISO 9000 质量管理体系．北京：机械工业出版社．

岑咏霆．2010．质量管理教程．2 版．上海：复旦大学出版社．

顾海洋．2013．质量管理与控制技术基础．北京：北京理工大学出版社．

韩可琦．2008．质量管理．北京：化学工业出版社．

李小光．2006．质量管理学．北京：中国人民大学出版社．

马宪亭．2009．机械零件品质检测．天津：天津大学出版社．

王景峰．2012．质量管理流程设计与工作标准．2 版．北京：人民邮电出版社．

应可福．2005．质量管理．北京：机械工业出版社．